W0302718

Kordulah

Kosmische Mandalas
Archetypische Bilder

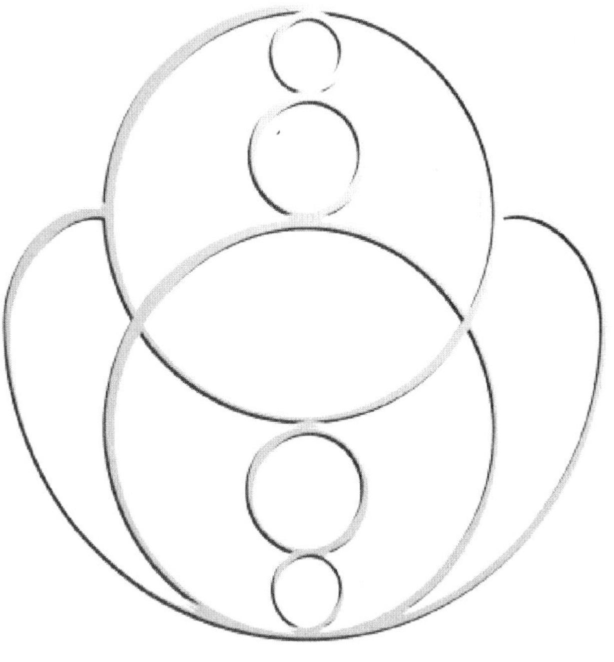

Werner Johannes Neuner

Copyright © 2004 by Antasira OEG.
Alle Rechte vorbehalten.

3. Auflage
gänzlich neu überarbeitet

Lektorat:
Gertraud Breinbauer

Verlag:

ANTASIRA

Laimburggasse 26, A-8010 Graz
Tel.: +43 / (0)316 / 38 68 68
Fax: +43 / (0)316 / 38 68 68 8
email: office@antasira.com
homepage: www.antasira.com

Alles, was der Mensch durch die Anwendung der Mandalas und die in diesem Buch dargestellten Inhalte erkennt und alle Entscheidungen, die er in diesem Zusammenhang trifft, obliegen völlig seiner **Eigenverantwortlichkeit**. Das bedeutet natürlich, dass jeder Haftungsanspruch an die Herausgeber und an den Autor dieses Buches gänzlich ausgeschlossen wird.

ISBN: 3-902280-06-9

Inhaltsverzeichnis

Kordulah
Hintergründe und praktische Anwendungen

Mandalas

Mandalas stammen aus der indischen Tradition und sind Sinnbilder für transzendente, geistige Zusammenhänge.

Der Begriff „Mandala" stammt aus dem Sanskrit und bedeutet „mystisches Sinnbild für geistige Zusammenhänge". Es handelte sich in der indischen Tradition um kreisrunde großteils symmetrische Bilder, die den Betrachter zentrieren und ihn in seine eigene Mitte führen konnten.

Gleichzeitig waren es Darstellungen von tief greifenden kosmischen Gesetzmäßigkeiten. Wenn sich die Menschen durch diese Mandaladarstellungen meditativ inspirieren ließen, begannen sie hinter die Ebene der sichtbaren Welt zu blicken. Sie erkannten, was Bewusstsein ist, sie verstanden den Lauf der Welt in einem anderen, weiter reichenden Kontext, und sie verstanden ihre eigene Position in diesem kosmischen Spiel.

Mandalas sind *wirksame* Bilder, die im Menschen heilsame innere Prozesse auslösen können.

Die Mandalas sind Bilder mit einer bedeutsamen Wirkung auf den Betrachter. Wenn sich der Mensch darauf einlässt, löst dies in ihm seelische Prozesse aus, die heilsam sind. Dieser Gedanke wurde auch von C. G. Jung (1875 – 1961) aufgegriffen. Er wendete die Kraft der Mandalas in seinen tiefenpsychologischen Therapien an. Für ihn waren Mandalas Ausdruck von Traumbildern und Symbole für die Selbstfindung. Er erkannte, dass Menschen über die Kraft jener Mandalas, die ihren eigenen archetypischen Bildern entsprachen, zu einer inneren Ruhe fanden und dass diese Mandalas die emotionalen Selbstheilungskräfte des Menschen aktivieren konnten.

C. G. Jung entdeckte im Laufe seiner Arbeit, dass es allgemeingültige, archetypische Sinnbilder gab. Das sind Bilder oder Symbole, die für jeden Menschen, unabhängig von seiner Herkunft und unabhängig von seinen religiösen Erziehungsbildern *dieselbe Bedeutung* haben. Es existiert demnach eine allem zugrunde liegende Bildsprache. Wenn es gelingt, solch allgemeingültige heilsame Bilder zu finden, können diese therapeutisch sinnvoll und kraftvoll angewendet werden.

Die Mandalas von KORDULAH sind Abbildungen von allgemeingültigen Frequenzmustern und Seelenbildern.

Unsere Absicht bei der Entwicklung des Mandalasystems KORDULAH bestand nun darin, solch allgemeingültige Bilder in Form von Mandalas darzustellen. Genauer gesagt handelt es sich bei den Mandalas um die Abbildung allgemeingültiger, für jeden Menschen begreifbare und für die Seele jedes Menschen bekannte „Energiemuster" oder „Energiefrequenzen". Diese haben wir in die Sprache der Mandalas übersetzt.

Sie *erinnern* uns an unsere Selbstheilungskräfte und können dadurch therapeutisch wirkungsvoll angewandt werden.

Lässt sich ein Mensch auf eines der Mandalabilder ein, so nimmt er die symbolisch dargestellten Energiefrequenzen in sich auf. Das erzeugt in ihm eine Wirkung, die emotionale Befindlichkeiten klären und Entwicklungsprozesse in Gang setzen kann. Das Mandala selbst ist der Impulsgeber für den Entwicklungsprozess des Menschen, es kann diesen initiieren, sofern der Mensch es gestattet. Sobald ein Mensch seine Einwilligung dafür gibt, wird er durch die Mandalas etwas erleben, etwas spüren, etwas wahrnehmen. Er wird

Die Mandalas sind nicht die Entwicklung an sich, wohl aber wertvolle Hilfsmittel und Impulsgeber für unsere Entwicklung.

davon berührt werden. Dies kann ihn dazu motiviere, anstehende Entwicklungsschritte zu gehen.

Ein Mandala ist aber niemals der Entwicklungsprozess selbst. Das bedeutet, dass ein Mandala niemals den Entwicklungsprozess eines Menschen ersetzen kann. Der Weg der Entwicklung kann nur vom Menschen selbst gegangen werden. Es wäre keineswegs sinnvoll, die persönliche Entwicklung auf etwas außerhalb von uns Liegendes zu projizieren. Nicht das Mandala ist es, das die Entwicklung durchläuft. Das Mandala unterstützt uns aber dabei, die Entwicklungsschritte, die wir selbst zu gehen haben, erkennen und begreifen zu können. Es kann uns auf unseren Wegen kraftvoll begleiten.

Wir haben im Laufe unserer Arbeit mit den Mandalas von KORDULAH jene Energiefrequenzen, die wir durch sie dargestellt haben, mehr und mehr begriffen. Wir haben sie vor allem durch die konkreten Anwendungen immer besser verstanden. Dieses Buch ist nun die völlig überarbeitete zweite Version, in der wir unsere inzwischen gewonnenen Erkenntnisse weitergeben. Auch die Darstellungen der Mandalas haben wir optimiert, damit das Mandalabild noch näher an die abgebildeten Frequenzmuster herankommen kann.

Wir wünschen jedem Menschen, der sich mithilfe der Mandalas von KORDULAH auf das Abenteuer seiner eigenen Entfaltung einlässt, wunderbare Erlebnisse und viel Freude!

Werner Johannes Neuner, im September 2004

Die Entstehung von Kordulah

Im Frühjahr des Jahres 2002 erzählte mir ein Freund von einer Reise, auf der er spirituelle Erlebnisse und Wahrnehmungen gehabt hatte. Er war bestimmten Energieformen nahe gekommen, die er damals als „lemurianische" Energien interpretierte. Er hatte außerdem die Idee gehabt, diese Energien in Form von Mandalas darzustellen. Er zeigte mir dazu ein paar Skizzen und Texte.
Diese Mandalaskizzen und seine Erzählungen setzten in mir einen Impuls frei, dem ich mehr und mehr nachging. Anfangs suchte ich ebenfalls nach der „lemurianischen" Energieform, die mich allerdings nicht wirklich weiterbrachte. Es eröffnete sich mir aber ein gänzlich anderer und völlig neuer „kosmischer" Raum, der mich zutiefst faszinierte. Ich begab mich in eine Mandalasprache ein, die mich sehr bald an archetypische Formen heranführte, die über Mandalabilder sehr gut darstellbar sind. Ich erkannte, dass diese Darstellungen weit reichende Wirkungen auf die Seele des Menschen haben können.

Bald traten weitere Menschen in meinem Leben auf, die mir ebenfalls Impulse zum Thema Mandalas und zu „kosmischen Hintergründen" lieferten. Vor allem aber eröffnete sich mir dieser „kosmische Raum", den ich nahezu jederzeit betreten konnte, wie eine offene Bibliothek, zu der ich auf einmal den Schlüssel in Händen hielt. Ich brauchte nur eine Fra-

ge zu stellen und die Antwort war *in mir* vorhanden.
So begann ich den Kosmos zu durchwandern, ihn und seine Gesetzmäßigkeiten zu begreifen. Die Antworten waren zumeist in Form von mythischen Geschichten und Bildern in mir. Geschichten und Bilder, die ich zeitweise in ähnlicher Form da und dort schon gehört hatte, aber auch Darstellungen, die mir bisher noch gänzlich unbekannt war.

In dem sich mir eröffnenden kosmischen Raum wurden Planeten und Sterne zu lebendigen Wesenheiten in einem großartigen kosmischen Tanz.

Ich erkannte sowohl Sterne als auch Planeten als lebendige Wesenheiten. So ist beispielsweise unsere Sonne ein „Sternenmeister" mit dem Namen Kinich Ahau (diese Bezeichnung stammt aus der Sprache der Mayas), eine großartige Wesenheit, welche die Ereignisse in unserem Sonnensystem tatkräftig beeinflusst. Diese Wesenheit hat genauso wie jeder Mensch einen Entwicklungsplan und bestimmte Vorhaben, die sie umsetzen will. Dieses Bild von unserer Sonne war mir wesentlich näher, als die Vorstellung, dass es sich lediglich um ein Objekt, eine riesige Ansammlung von hauptsächlich Wasserstoff handle, in dem nichts anderes als Kernverschmelzungsprozesse stattfänden.
Ich begann den Kosmos als ein unendlich komplexes System zu begreifen, in dem verschiedenste Bewusstseinsebenen einander durchdringen und ein gigantisches, sinnliches Spiel miteinander spielen. In diesem Spiel erkannte ich manch archetypische Energiefrequenzen, die als Mandalabilder dargestellt werden konnten. Daraus entstand nach und

nach in immer besser werdender Bildsprache das Mandalasystem von KORDULAH.

In diesem Buch erzählen wir verschiedene mythische Geschichten, die im Zusammenhang mit den Mandalas stehen. Anfangs waren diese Geschichten für mich wie eine Wahrheit, die sich mir offenbarte. Heute allerdings sehe ich dies etwas differenzierter.

Ich weiß inzwischen, dass wir wesentlich mehr wahrnehmen können, als das, was unserer Alltagswahrnehmung bewusst wird. Wir haben zu transzendenten, dahinter liegenden Ebenen Zugänge. Ich weiß aber auch genauso, dass all das, was wir aus der transzendenten Ebene erfahren, durch unser Gehirn in ein dreidimensional verständliches Bild übersetzt wird. Wir erschaffen aus den energetischen Mustern, die wir spüren, Bilder und mythische Geschichten. An sich ist das, was wir transzendent wahrnehmen, nicht beschreibbar. Wir können es lediglich in Form einer mythischen Geschichte umschreiben und bildhaft darstellen.

Jede Darstellung ist gleichzeitig eine Interpretation des Wahrgenommenen. Das bedeutet aber keinesfalls, dass die bildhafte Beschreibung des Wahrgenommenen eine unumstößliche Wahrheit sei. Jeder, der die in diesem Buch geschilderte kosmische Geschichte liest, soll sich bewusst sein, dass es nicht um den Inhalt der Geschichte an sich geht, sondern um das, was sie auf einer transzendenten Ebene übermittelt. Die Geschichte an sich ist weder wahr noch falsch. Das, was aber „zwi-

Transzendente Wahrnehmungen werden von unserem Gehirn in dreidimensional verständliche mythische Bilder übersetzt.

Diese Geschichten sind keine Wahrheiten, sondern Wirkungen (und daher Wirklichkeiten).

Wir begreifen das Universum als die Schöpfung von unendlich komplexen Bewusstseinskollektiven, denen wir alle angehören.

schen den Zeilen" steht, ist eine reine Wahrheit. Es ging uns dabei vor allem um die Verdeutlichung, dass es keine leblose Materie gibt, dass alles lebendig ist und dass in unserem Universum einander gigantische komplexe Bewusstseinsebenen und Bewusstseinskollektive durchdringen.

Ein gutes Beispiel dafür ist der Mythos von Atlantis. Das einzige, was wir mit Sicherheit darüber wissen, stammt aus der griechischen Antike von Platon. Ihm selbst wurde erzählt, dass die Geschichte von einem untergegangenen Inselreich, das er Atlantis nannte, in Schriften der ägyptischen Priesterschaft niedergeschrieben worden sei. Diese Schriften seien allerdings verloren gegangen. Das ist also alles, was wir wirklich wissen: Eine Geschichte von verloren gegangenen Schriften, in denen angeblich eine Geschichte geschrieben steht. Also wahrlich nicht viel! Kein weiterer Fund, kein einziges Artefakt, also rein gar nichts, was diesen Bericht bestätigen könnte. Über die Geschichte von Lemuria gibt es noch weniger, nämlich gar nichts. Die lemurianische Geschichte ist erst aus dem atlantischen Mythos als Art Gegenpol hervorgegangen.
Dennoch berühren diese Mythen den menschlichen Geist und die menschliche Bilderwelt ungemein! Es gibt tausende Erzählungen über dieses Reich und sie haben alle eines gemeinsam: Aus einem großartigen Wissen entstand ein Machtmissbrauch, der letztendlich zu einem Untergang führen musste. Ein Sinnbild,

das archetypisch in der menschlichen Bilderwelt verankert liegt.
Auch wir haben in unserer kosmischen Geschichte den atlantischen und lemurianischen Mythos mit aufgenommen. Denn er erinnert uns an das Problem der Macht und an ein vom Menschen selbst gemachtes „Fehlprogramm" – das Programm von Mangel und der daraus resultierenden Ängste. Wenn wir dieses Fehlprogramm korrigieren – und dazu soll dieses Buch mit beitragen – kann eine Menschheit entstehen, die in Freude, Liebe und in Wohlbefinden ihre Erfahrungen auf und mit diesem Planeten Erde machen kann.

Wenn ich, der Autor, in diesem Buch fast ausschließlich in der Wir-Form schreibe, so meine ich mit diesem Wir mich selbst im Kontext mit all jenen Bewusstseinskollektiven, denen jeder Mensch angehört. Diese Kollektive sind für mich die Informationsquellen, aus denen ich das in diesem Buch dargebrachte Wissen beziehe.
Wir wollen mit diesem Buch erreichen, dass sich der Mensch dieser Kollektive wieder mehr bewusst werden kann. Dies ist eine wesentliche Voraussetzung für einen nachhaltigen Weltfrieden und für eine harmonisierte Beziehung des Menschen zur *Mutter Erde.*

Die Struktur von Kordulah

Das zentrale Kernstück von Kordulah besteht aus den Archetypen 1 bis 13, sowie aus den Archetypen der Bewusstseinskollektive Yesirah und Og Min.

Diese Struktur findet man in der mathematischen Analyse des 13er-Systems.

Kordulah besteht insgesamt aus 19 Mandalas. Das zentrale Kernstück besteht aus jenen Mandalas, die den Zahlenwerten 1 bis 13 zugeordnet sind, das sind 14 Stück, da zum Zahlenwert 2 die beiden Mandalas Lambahtarah (die weibliche Energie) und Singapor (die männliche Energie) gehören.

Wir haben bewusst das 13er-Zahlensystem gewählt, da dies einerseits in den berühmten Kalenderberechnungen der Mayas eine wesentliche Rolle spielt und andererseits durch den Takt unseres Mondes aufgezeigt wird: Der Mond umkreist während eines Erdenjahres die Erde 13 mal vollständig (das sind die so genannten siderischen Mondphasen).
Ein weiteres Mal treffen wir auf die Zahl 13, wenn wir den Lauf der Venus betrachten. Die Venus ist jener Planet, deren Bahn der Erdbahn am nächsten liegt. Das Verhältnis von Erdenjahr zu Venusjahr beträgt ziemlich exakt 8 zu 13! Das bedeutet, dass in 8 Erdenjahren genau 13 Venusjahre vergehen. Im System von Kordulah wird die Zahl 8 dem Herzensmandala Kordulah zugeordnet, welches der Namensgeber des Systems ist. Die Zahl 13 hingegen gehört zum Mandala für die große galaktische Urmutter – Schamajahum.

Wir betrachten die Zahlenwerte in diesem Zusammenhang weniger als Quantitäten (Mengenangaben), sondern vielmehr als Ausdruck von Qualitäten. Jeder Zahlenwert symbolisiert bestimmte Zusammenhänge und repräsentiert diese.

Zu diesem Kernstück gehören weiters die beiden Mandalas OG MIN und YESIRAH, die Darstellungen für „kosmische Völker“ bzw. Bewusstseinskollektive sind, welche auf die Entwicklungsvorgänge auf unserem Planeten einwirken.

Wir haben das 13er-System im Zusammenhang mit dem „goldenen Schnitt“ mathematisch analysiert und dabei festgestellt, dass wir dort genau auf diese 15 Archetypen kommen: Auf die Archetypen 1 bis 13 (wobei sich der Archetyp 2 auf zwei verschiedene Arten darstellen lässt), sowie auf zwei weitere Archetypen, die sich in ihrer inneren Struktur von den anderen deutlich unterscheiden – und durch YESIRAH und OG MIN dargestellt werden können. Mit dieser Erkenntnis können wir die Zeitqualitäten auf einen Kalender abbilden, den wir die „Yesirah-Zeitmatrix“ nennen. Zu diesem Kalender werden wir ein eigenes Buch veröffentlichen.

Neben diesen zentralen Mandalas gibt es ergänzend drei weitere:
Das Mandala ACBAHUM steht für allgemeines Wohlbefinden und für Fülle und Reichtum. Es wird vor allem für die energetische Reinigung von Kristallen aller Art verwendet, da es ungünstige Behandlungen sowie manipulative Programme, die auf Kristallen „gespeichert“ sind, löschen kann.

Das Mandala Raju kann sehr gut im Zusammenhang mit Pflanzen und vor allem mit Kräutern verwendet werden, während Kajul gute Dienste bei der Aktivierung von Chakren leistet.

Die archetypische Gestalt der Mandalas *erinnert* uns an Frequenzmuster, welche wie Startimpulse für Entwicklungsprozesse in uns wirken.

Mit diesen Mandalas haben wir wesentliche archetypische Frequenzmuster dargestellt. Dadurch, dass es sich um archetypische Bilder handelt, sind sie unserem Unterbewusstsein allgemein bekannt. Betrachten wir sie und lassen wir uns auf ihre Strukturen ein, *erinnern* wir uns an das, was sie darstellen. Es entsteht dadurch in uns selbst ein *Energiefeld*, das bestimmte Impulse gibt und innere Entfaltungsprozesse auslöst. All diese Entfaltungsprozesse ereignen sich stets im Kontext mit unserem Umfeld, da die in den Mandalas dargestellten Frequenzmuster sich stets am kollektiven Bewusstsein orientieren.
Ausrichtung dieser Impulse ist stets die Entwicklung auf ein Ziel hin, das wir mit dem Begriff *der kosmische Mensch* bezeichnen können.

Der kosmische Mensch

Der „kosmische Mensch“ ist das Bild für ein Entwicklungsziel, auf das sich nach unserer Wahrnehmung die Evolution des Menschen hinbewegt. Wir befinden uns in einer Zeit mit besonderen Zeitqualitäten, die sich dadurch ausdrücken, dass bestimmte Entwicklungen sich rascher als bisher ereignen können. Daher schätzen wir die Wahrscheinlichkeit, dass wir uns dem nächsten Evolutionsziel „kosmischer Mensch“ innerhalb der nächsten Jahre um ein gutes Stück annähern können, als sehr gut ein.

Der kosmische Mensch ist das Sinnbild für ein Entwicklungsziel in der Evolution des Menschen.

Wir bezeichnen einen Menschen, der dieses Entwicklungsziel erreicht hat, deshalb als „kosmischen“ Menschen, weil dieser Mensch sein Bewusstsein auf eine erweiterte, „kosmische“ Wahrnehmung hin ausrichten kann. Er nimmt mehr wahr als das, was momentan unserem alltäglichen Bewusstsein entspricht. Der Unterschied besteht vor allem in der Erkenntnis, dass Individualität letztlich eine Illusion ist, besonders dann, wenn wir das Individuum-sein mit einem Getrennt-sein von anderen Individuen gleichsetzen.
Die Bewusstseinserweiterung vollzieht sich durch das Begreifen dreier kollektiver Bewusstseinsebenen:

Unser Körper bildet eine äußere Grenze, die in uns den Anschein erwecken kann, dass wir getrennt und unabhängig vom anderen existie-

ren könnten. Dennoch sind wir aber auf einer tieferen Ebene mit allen Menschen jederzeit untrennbar verbunden. Das bedeutet, dass jeder Gedanke, jede Emotion und jede Aktion von uns nicht nur unsere unmittelbare Umgebung beeinflusst, sondern das *gesamte* menschliche Kollektiv.
Wenn dies einem Großteil der Menschen bewusst werden kann, wird jede Form von kriegerischen Auseinandersetzungen gänzlich absurd.

Der kosmische Mensch erkennt sich als Teil dreier kollektiver Bewusstseinsebenen:

Mensch zu Mensch

Mensch zu Mutter Erde

Mensch zu Kosmos

Wenn wir dieses Kollektiv *Mensch zu Mensch* begriffen haben, können wir uns an das Kollektiv *Mensch zu Mutter Erde* annähern. Das gesamte menschliche Bewusstsein steht in einer ununterbrochenen Wechselwirkung zu jenem Kollektiv, das wir „Mutter Erde“ bezeichnen. Dieses umfasst die gesamte Flora und Fauna, sowie alle landschaftlichen Gegebenheiten an der Oberfläche des Planeten, und alles Leben im Inneren der Erde.
Wenn wir unsere unmittelbare Verbundenheit mit dem Kollektiv Mutter Erde begreifen, werden wir zu einer angemessenen Verhaltensweise unserer Umwelt gegenüber übergehen. Jede Art von achtloser Ausbeutung des Planeten, sowie jede Zerstörung der Flora wird dann auf einer tiefer greifenden Ebene begriffen und somit gänzlich absurd. Eine Zerstörung der Umwelt wird dann als „mad run“ erkannt – als das Verhalten eines Irrsinnigen, der mit steigender Geschwindigkeit auf einen Abgrund zu rennt.

Im dritten Schritt vollzieht sich das Erfassen des Bewusstseinskollektivs *Mensch zu Kosmos*. Wir begreifen, dass wir mit den kosmischen Gegebenheiten in einem direkten Austausch stehen, alleine schon dadurch, dass jede Zelle unseres Körpers, jedes Atom (sofern es kein Wasserstoffatom ist) nur dadurch entstanden ist, dass es *in einem Stern* durch Kernfusion erschaffen wurde. Unser gesamter Körper ist also auf der stofflichen Ebene ein Ergebnis von „Sternenstaub".
Wenn wir in eine bewusste Verbundenheit mit dem Kosmos eingehen, so erleben wir dort von allen Seiten kosmische Unterstützung. Offenbar ist unser kosmisches Umfeld genauso wie unsere gesamte Galaxie sehr stark an der Entwicklung des Kollektivs Mensch interessiert. Wenn wir uns in diese Verbundenheit einbegeben, werden alle Empfindungen von Mangel und sämtliche Ängste völlig absurd. Wir empfinden uns in der kosmischen Verbundenheit als unendlich Weit und in eine vollkommene Liebe eingebettet. Wir haben daher bewusst das Herzensmandala KORDULAH als namengebendes Mandala gewählt, da es uns an diese liebevolle kosmische Geborgenheit, die von Herzenswärme geprägt ist, erinnert.

Aus der Verbundenheit mit den Kollektiven Bewusstseinsebenen entsteht eine nachhaltige *Angstfreiheit* und *Wertfreiheit.*

Der kosmische Mensch hat diese drei Kollektivebenen begriffen und in sich integriert. Daraus ergibt sich natürlich eine veränderte Lebensweise, besonders durch die entstandene *Angstfreiheit*.

Ein weiteres Merkmal des kosmischen Menschen ist die gänzliche *Wertfreiheit* sich selbst und seiner Umwelt gegenüber. Er stellt das, was ihm begegnet, nicht in ein Wertesystem. Besonders dann nicht, wenn ihm z. B. an einem anderen etwas „stört". Er weiß nämlich, dass jede negative Wertung, die er anderen gegenüber zuweist, häufig Egospiele sind und aus einem mangelnden Selbstwert resultieren. Durch den Versuch, einen anderen im Wertesystem hinabzudrücken, erhöht man sich selbst und sein verrückt gewordenes Ego. Dadurch, dass der kosmische Mensch sich in den großen Bewusstseinskollektiven eingebettet weiß, hat er diese Spiele nicht mehr nötig. Er weiß, dass alles, was ihm am anderen ungünstig auffällt, gleichzeitig auch mit ihm selbst zu tun hat.

Der kosmische Mensch begegnet einem anderen, an dem ihm etwas Ungünstiges auffällt, mit Hinweisen, die in keiner Weise wertend dargebracht werden und die keineswegs etwas erzwingen wollen. Solch Vorschläge bleiben immer gänzlich offen. Er findet sich dadurch in einer *Manipulationsfreiheit* ein, in der es keine verdeckten Manipulationsvorhaben den anderen gegenüber mehr gibt.

Die allumfassende *Schuldfreiheit* öffnet in uns einen Quell der sinnlichen Lebensfreuden und der grenzenlosen Kreativität.

Wir sind herkömmlich derart gestrickt, dass wir die Schuld für unsere persönlichen Missstände im Außen suchen. Wir finden dann auch bald die Schuldigen dafür. Der eigenartige Umgang mit dem Thema der Schuld zeigt sich in unseren Rechtssystemen, die großteils

darauf ausgerichtet sind, Schuld zuzuweisen und die Größe der Schuld zu definieren.
Wenn sich der kosmische Mensch in eine *Schuldfreiheit* einbegibt, so bedeutet dies, dass er weder bei sich selbst, noch bei anderen nach Schuld sucht.

Ein Mensch in Schuldfreiheit kann die Matrix der Welt sinnvoll verändern und dadurch eine lebenswerte Welt erschaffen.

Wenn wir uns selbst mit Schuldgefühlen beladen, begeben wir uns in die Rolle eines schuldigen und hilflosen Opfers, das unter der Last seiner Schuld keine Lebensfreude mehr erleben kann. Dadurch versiegt auch jegliche Kreativität und jede Kraft, Lebensumstände konkret zu verändern. Ein schuldiges Wesen ist hilflos und sehnt sich eigentlich danach, bedauert zu werden. Für den kosmischen Menschen ist eine derartige Haltung grundlegend sinnlos, da sie ihn am Handeln hindert. Er weiß, dass er selbst der **Schöpfer** jener Matrix ist, in der er lebt. Und er weiß auch, dass er diese Matrix *jederzeit* verändern kann.
Der Gedanke der Schuld blickt in eine Vergangenheit zurück, welche die Gegenwart belastet. Aus solchen Vergangenheiten entbindet sich der kosmische Mensch vollkommen – und findet sich so in eine allumfassende Schuldfreiheit ein.
Genauso absurd ist es, Schuld nach außen auf einen anderen Menschen zu projizieren. Dies verfestigt nämlich das Spiel zwischen Opfer und Täter. Wenn wir das Opfer bedauern und den Täter verurteilen, entfernen wir beide aus ihrer eigentlichen Kraft. Die Aufgabe des Opfers sollte immer darin liegen, die erlittene Tat zu verarbeiten und sich daraus gänz-

lich zu entbinden. Das heißt auch zu entdekken, welche Resonanz das Opfer auf die erlittene Tat in sich selbst trägt. Wenn wir das Opfer ständig bedauern, erschweren wir ihm diesen Weg ungemein! Eine weitere Aufgabe des Opfers besteht darin, dem Täter gänzlich zu verzeihen. Dadurch entbinden sich Täter und Opfer aus einer „karmischen“ Verflechtung.

Der kosmische Mensch erkennt seinen Zugang zu den Programmen jener Matrix, welche die Lebensumstände erschaffen. Er wird dadurch zu einer bewussten kreativen Schöpferseele.

Die Aufgabe des Täters hingegen und die Aufgabe des gesamten Systems, in dem der Täter auftritt, liegen darin, die Ursachen für die Tat zu entschlüsseln. Manchmal üben Täter etwas aus, was stellvertretend für ein Fehlprogramm in einem gesamten gesellschaftlichen System steht – besonders bei Amokläufern und Massenmördern. Es macht nachhaltig wenig Sinn, den Täter zu finden, um ihn zu bestrafen, da es das Problem nicht löst. Es macht aber jedenfalls Sinn, das zu erkennen, was diese Tat ausdrückt, die tatsächlichen Ursachen zu erkennen und daran zu arbeiten.

Der kosmische Mensch erkennt vor allem eines: Er weiß, dass er selbst der Schöpfer jener Matrix – jener Lebensumstände – ist, in denen er lebt. Dadurch weiß er auch, dass er jederzeit an den Programmen dieser Matrix arbeiten kann. Er richtet seine gesamte kreative Energie dahingehend aus, die Programme dieser Matrix zu optimieren und sinnvoll zu erweitern. Er wird dadurch zu einer aktiven *Schöpferseele*.

Um das Entwicklungsziel des kosmischen Menschen zu erreichen, ist ein Schritt besonders wichtig und eine absolute Voraussetzung: Wir müssen begreifen, dass alles, was uns in unserem Umfeld stört, etwas spiegelt, das *in uns selbst* erlöst werden will. Wir empfehlen daher die folgende Übung, die wir immer wieder dann anwenden können, wenn wir in uns an ein Thema gelangen, das befreit werden will.

Übung für den Weg zum kosmischen Menschen

Schaffe dir eine angenehme und ruhige Atmosphäre z. B. mit schöner Musik.
Finde dich in dir selbst ein.

Frage dich, was dich im Moment am meisten belastet oder am unangenehmsten erscheint. Das stellt nämlich jenes Thema dar, das jetzt erlöst werden will.

Schau dir dieses Thema an.
Benenne es als das, was es ist. Es ist äußerst wichtig, dass du es völlig wertfrei beschreibst! Weise weder dir noch einem anderen Menschen oder den Umständen eine Schuld dafür zu.
Benenne es in einer wertfreien Form.

Beachte, dass dieses Thema seine Grenzen hat. Es umfasst einen bestimmten Bereich, aber keinesfalls dich als Ganzes. Finde die Grenzen dieses Themas und stecke sie ab.

Sei dir klar darüber, dass weder die Lebensumstände, noch irgendwer anderer, sondern allein eine Resonanzfläche in dir selbst dieses Thema erschaffen hat. Du selbst reagierst darauf, und einzig darum ist es dir unangenehm. Alles, was du in dir erschaffen hast, kannst du aber auch wieder beheben!

Stell dir nun vor, wie dieses Thema aus dir heraustritt und dich verlässt. Es tritt vor dich hin.

Hol Schamba

Code zur Löschung von Programmen

Zeichne nun dreimal vor dir über die Energiemuster dieses Themas den *Code zur Löschung von Programmen*, der aus den beiden Symbolen Hol und Schamba (siehe Abbildung) besteht.
Das Symbol Hol zeichnet man am besten derart, dass man mit der Linie links oben beginnt, während man bei Schamba mit dem Kreis unten (gegen den Uhrzeigersinn drehend) beginnt.

Nimm wahr, wie dieser Code auf dein Thema übergeht und es auflöst.
Dies löscht die Wirksamkeit des Themas auf das Thema verliert seine Wirklichkeit.

Elshaddai Shikaina

Spüre, wie frei du nun bist. Ist die dadurch erlangte Befreiung für dich noch nicht zufrieden stellend, so wiederhole die Übung bis hierher nochmals.

Nun nimm das Mandala *Elshaddai Shikaina* (siehe Abbildung) und betrachte es.
Spüre, wie die heilsame, verbindende Wirkung auf dich übergeht. Stell dir gleichzeitig

vor, wie dich diese Kraft durch die Entwicklung zum kosmischen Menschen *jetzt* begleitet.

Stell dir nun vor, dass diese Kraft von dir ausgehend auf die gesamte Welt ausstrahlt und dass *jetzt* eine neue Welt beginnt, in der alle Menschen in Reichtum, in Freude, in Freiheit und in Frieden leben.

Kristalline Strukturen

Die Festigkeit der dreidimensionalen stofflichen Realität ist in Wahrheit eine Sinnestäuschung.

Die Wirklichkeit besteht aus energetischen Zuständen und Frequenzmustern. Die sichtbare Welt entsteht aus freien Energien, die in Form und Gestalt erscheinen.

Wir bezeichnen die Mandalas von Kordulah als *Kristall*mandalas und beziehen uns damit auf ein Vorstellungsmodell, das wir hier skizzieren werden.

Es geht um ein Modell über die so genannte Wirklichkeit.
Wir leben in einer Welt, die wir großteils stofflich (und dadurch auch *sinnlich*) erleben. Oder anders ausgedrückt: Unsere Wahrnehmung ist hauptsächlich auf die dreidimensionale stoffliche Wirklichkeit fokussiert, solange wir uns in unseren Körpern befinden. Dies hat einerseits den Nachteil, dass wir einen relativ schwachen Zugang zu der nicht-stofflichen transzendenten Welt haben, andererseits aber den nicht zu verachtenden Vorteil, dass wir *körperlich-sinnlich* wahrnehmen können und dadurch Erfahrungen machen können, die unser Bewusstsein unendlich bereichern.

Betrachtet man aber die dreidimensionale „feste“ Materie genauer, so sieht man, dass sie keineswegs so fest ist, wie sie uns erscheint. Untersucht man die Atome und deren Teilchen, so findet man dort keine eigentliche Stofflichkeit mehr vor, sondern energetische Zustände. Oder anders ausgedrückt: Die feste Materie ist in Wirklichkeit ein Ausdruck von energetischen Erscheinungen und energetischen Frequenzmustern.
Das bedeutet, dass die dreidimensionale Wirklichkeit uns in einer Art und Weise erscheint, wie sie gar nicht existiert. Wir haben den Eindruck von Festigkeit, der in Wahrheit aber Ausdruck von Energiemustern ist.

Unsere Wirklichkeit können wir unter diesem Aspekt durchaus als eine Art *Projektion* beschreiben. So wie ein Kinofilm von einem Projektor an die Kinoleinwand projiziert wird, so wird die dreidimensionale Wirklichkeit ebenfalls auf eine erlebbare Ebene projiziert. Beides, der Kinofilm auf der Leinwand und die dreidimensionale Wirklichkeit, entstehen durch eine Illusion, die wir als Realität bezeichnen. Genauso, wie wir in einem Kinofilm die Ereignisse erleben, erleben wir auch unsere dreidimensionale Welt und unser persönliches Leben. Wir leben dementsprechend in einer Illusion, oder anders ausgedrückt, in einer Projektion.
Und wir wählten das Erleben dieser Illusion mit Absicht, genauso wie wir mit Absicht eine Kinokarte kaufen und uns für einen bestimmten Film entscheiden. Der Unterschied zum

Kinofilm liegt nur darin, dass wir uns in der dreidimensionalen Realität in einer wesentlich komplexeren Projektion befinden, dass wir in dieser Projektion interaktiv tätig sein können, und dass diese Projektion in der Regel länger dauert, als ein Kinofilm.

Es gibt ein Programm, welches den Ablauf der Projektion festlegt, und eine Matrix, welche diesen Ablauf dann tatsächlich projiziert. Im Kino besteht das Programm aus der Filmrolle, auf der die Bilder des Films vorliegen. Diese Filmrolle bestimmt genau den Ablauf des Films. Die Matrix selbst, welche die Projektion dieses Programms erzeugt, besteht aus dem Filmprojektor, der durch das ihm zugeführte Licht seine Arbeit tun kann.
Um das ganze ein wenig zu vereinfachen, bezeichnen wir im Weiteren als *Matrix* sowohl das Programm (die Filmrolle), als auch die Kraft selbst (den Projektor), die diese Projektion durchführt.

Wenn wir dies auf unsere dreidimensionale Wirklichkeit umlegen, so ist es *die Matrix*, welche diese Wirklichkeit erzeugt. Sie besteht aus einem unendlich komplexen Programm, das nicht fix vorgegeben ist (wie dies auf der Filmrolle der Fall ist), sondern flexibel bleibt und von uns ununterbrochen – durch jeden Gedanken und durch jede Aktion – beeinflusst wird.
Die Matrix nimmt die überall vorhandene *Freie Energie* und bringt sie in eine Form, erzeugt eine Gestalt. Die Freie Energie ent-

Die *Matrix* verwandelt Freie Energie in Form und Gestalt und projiziert sie auf eine Ebene, in der sich die Realität entfalten kann.
Die Programme der Matrix erschaffen sowohl jeden Körper, als auch die Lebensumstände, in denen wir leben.

spricht der Lichtquelle des Filmprojektors im Kinosaal.
So wird jede Zelle unseres Körpers und unser Körper als Gesamtheit, sowie sämtliche Lebensumstände, in denen wir leben, durch die Programme der Matrix in die Realität projiziert. Der „Stoff", aus dem unser Körper tatsächlich besteht, ist Freie Energie, welche durch die Projektionskraft der Matrix in eine Form gebracht wird.

Wenn wir in unserer Entwicklung weiterkommen wollen, um zu jenem kosmischen Menschen zu werden, so ist es ganz wichtig zu begreifen, dass die Schöpfer dieser Matrix *wir selbst* sind! Wir können diesen Schöpfungsakt nicht auf einen fernen Gott projizieren, da wir selbst dieser Gott sind! Übertragen wir die Schöpfung der Matrix auf eine Gottheit, so werden wir stets Opfer der Launen dieses Gottes bleiben und niemals in unsere gänzliche Kraft gelangen.

Die Erschaffer und Programmierer der Matrix sind *wir selbst*! Was wir selbst programmiert haben, das können wir auch verändern und *verbessern*!

Um es genauer auszuführen: Die Erschaffer der Matrix sind jene Bewusstseinskollektive, die wir im vorigen Kapitel beschrieben haben. Aus der menschlichen Perspektive sind dies das Kollektiv *Mensch zu Mensch*, das Kollektiv *Mensch zu Mutter Erden* und das Kollektiv *Mensch zu Kosmos*.
Die Gesamtheit aller Bewusstseinskollektive – aller Menschen, Planeten, Sterne und Galaxien, das ist der Erschaffer und die Erschafferin aller Matrixprogramme und aller Wirklichkeiten, das ist „Gott". Und wir selbst sind Teil dieses Gottes! Oder anders

ausgedrückt: Es gibt keinen anderen Gott, der „dahinter" steht. Es gibt lediglich ein „hinter der Matrix", einen Bereich außerhalb der Projektionen, und das sind die Bereiche der Freien Energien.

Wenn wir nun selbst die Matrix erschaffen haben, so können wir sie auch verändern! Besonders dann, wenn sich Fehlprogramme in die Matrix eingeschlichen haben, welche Wirklichkeiten erzeugen, die unsere Entwicklungen nicht fördern. Wir meinen damit vor allem die Programme des Mangelgefühls, der Angst und der Schuld.
Wir haben in unserem Buch „Die Matrix des Bewusstseins" Möglichkeiten beschrieben, wie wir auf der Ebene der Matrixbilder konkrete Veränderungen in der Matrix unseres Lebens durchführen können.
Die Mandalas von KORDULAH wirken ebenfalls auf die Matrix direkt ein, und zwar auf einer „kristallinen" Ebene. Wir haben, wie bereits geschildert, in den Mandalas archetypische Frequenzmuster dargestellt. Diese sind Programme einer „Urmatrix", die unter anderem die Abläufe aller Entwicklungsprozesse in ihrer bestmöglichen Form enthält. Die Mandalas sind Darstellungen von vollkommenen Abläufen, von Zuständen, die so sind wie sie sein sollten, und Erinnerungen an die Urmatrix, die ohne jegliche Fehlprogramme ist.
Die so genannten Fehlprogramme haben sich erst im Verlauf der kosmischen Geschichte in die Matrizen eingeschlichen. Sie erscheinen

Die Urmatrix beinhaltet die Programme des vollkommenen Zustandes und der vollkommenen Entwicklungsabläufe.
Den „Ort", an dem die Programme der Urmatrix gespeichert sind, nennen wir die *Kristallgitternetze*.

uns als „störend“, haben aber den Sinn, uns einen Anreiz zu geben, diese „Fehler“ wieder zu korrigieren. Sobald wir diese Korrekturen geschafft haben, werden wir eine beachtliche Meisterschaft in der Matrixprogrammierung erlangt haben.

Die kristalline Ebene der Urmatrix können wir uns wie eine völlig reine und klare Kristallstruktur vorstellen.

Die Mandalas sprechen die so genannte kristalline Ebene an. In unserem Matrixmodell bedarf es für die Programme einer Art Speichermedium, eines Bereiches, an dem die Programme der Matrix, an dem die Urmatrix selbst, abgespeichert wurde. Diese Urmatrix ist vergleichbar mit dem Betriebssystem eines Computers, in welches sämtliche weitere Programme eingebettet sind. Den Ort für die Speicherung der Urmatrix der Erde können wir als *das Kristallgitternetz der Erde* bezeichnen. Dementsprechend wäre der Ort, an dem die Urmatrix eines Menschen gespeichert ist, das Kristallgitternetz des jeweiligen Menschen. Genauso gut kann man dieses Modell auf das Sonnensystem, auf Bereiche innerhalb der Galaxie und auf die Galaxie selbst ausdehnen. Wir können uns überall entsprechende Kristallgitternetze, kristalline Strukturen, vorstellen, welche die jeweilige Urmatrix beherbergen.

Diese kristallinen Strukturen sind natürlich nicht-stofflicher, transzendenter Natur, genauso wie Glaubensmuster und Überzeugungen es sind. Wir finden auf dieser transzendenten Ebene Myriaden von Programmen, welche intensiv wirksam sind und dadurch Wirklichkeiten erzeugen. Und unter dieser Fülle von

Programmen finden wir eine völlig klare, reine, *kristalline* Ebene vor, auf der alles so dargestellt ist, wie es bestmöglich sein soll. Dies ist der Bereich der Urmatrix.

Wenn nun die Mandalas archetypische Programme der Urmatrix bildhaft darstellen, können wir durch diese Bilder unser eigenes energetisches System an diesen Urzustand, dieses „wie es sein soll", *erinnern*. Genauso können wir durch die Übertragung der Mandalas auf Orte (in Wohnungen, Häusern oder in freier Natur) dort ebenfalls die Programme der Urmatrix wiederbeleben.
Wir beschreiben das sehr gut mit folgendem Bild: Die Mandalas bringen die kristallinen Strukturen der Urmatrix zum Klingen, wenn der Geist des Menschen sie auf sich selbst, auf einen anderen Menschen oder auf einen Ort projiziert. Durch diesen „Klang" entsteht eine Erinnerung an den vollkommenen Urzustand.

Sehr gute Träger für die in den Mandalas dargestellten Informationen sind Kristalle und Edelsteine. Diese Steine symbolisieren durch ihre besonderen kristallinen Strukturen jene transzendente kristalline Ebene, in welcher sich die Urmatrix befindet. Die praktische Arbeit mit den Mandalas hat gezeigt, dass wir auf Kristalle die Mandalainformationen sehr gut übertragen können. Im Kapitel über die praktische Anwendung der Mandalas haben wir dies genau beschrieben.

Die „kosmischen“ Kristallmandalas

**Alles Stoffliche besteht aus „Sternenstaub“. Die Materie wurde großteils von Sternen erschaffen.
Die Evolutionsgeschichte der Erde ist eine kosmische Geschichte. Kosmische Kräfte haben die Entwicklungen dirigiert.**

Daraus entstammen die kosmischen Elemente in der archetypischen Bilderwelt des Menschen.

Wir beziehen uns bei den Darstellungen archetypischer Frequenzmuster in den Mandalas immer wieder auf kosmische Gegebenheiten, wie auf die Galaxie, unsere Sonne oder auf den Planeten Erde. Das liegt daran, dass die archetypische Bildsprache des Menschen sehr stark durch kosmische Formen und Gegebenheiten geprägt wird. Eine Erklärung dafür liegt sicherlich darin, dass (wie bereits erwähnt) jedes Atom, abgesehen vom Wasserstoffatom, durch Kernfusion innerhalb eines Sternes entstanden ist. Erst dadurch, dass manche Sterne am Ende ihres Lebens sich entäußern und in einer gewaltigen Explosion ihre gesamte Masse in das Weltall hinausschleudern, erst dadurch ist es möglich, dass Planeten und organisches Leben entstehen kann. Somit beinhaltet alles, was stofflich ist, Materie aus einem Stern.
Eine andere Erklärung für die archetypische Beziehung des Menschen zum Universum liegt in der Evolutionsgeschichte selbst. Es haben in der Evolution immer wieder „Quantensprünge“ stattgefunden – plötzliche Veränderungen in den DNA-Programmierungen, die zu wesentlichen Weiterentwicklungen geführt hatten. Es gibt inzwischen fundierte wissenschaftliche Modelle, die einen direkten Zusammenhang zwischen diesen Evolutionssprüngen und kosmischen Strahlungen be-

schreiben. Man könnte also sagen, dass der Kosmos die Evolution auf unserem Planeten intensiv beeinflusst, oder sogar direkt gelenkt hat.

Um die kosmischen Beziehungen einzelner Mandalas zuordnen zu können, geben wir hier einen Überblick über den Aufbau des Universums.
Beginnen wir unsere Reise von innen nach außen. Unsere Erde, die TERRA GAIA, ist ein **Planet**, der, wie jeder Planet, um einen **Stern** – unsere Sonne, die in der mythischen Geschichte den Namen KINICH AHAU trägt – kreist. Um die Sonne einmal zu umkreisen benötigt die Erde genau ein Erdenjahr. Sie bewegt sich dabei mit einer Geschwindigkeit von rund 290.000 km/h.
Sämtliche Planeten eines Sternes bilden gemeinsam mit diesem Stern ein Sonnen- oder Sternensystem. Die Planeten, die unsere Sonne umkreisen, sind (mit dem sonnennächsten beginnend): Merkur, Venus, Erde, Mars, Jupiter, Saturn, Uranus, Neptun und Pluto. Es hatte wahrscheinlich einen weiteren Planeten gegeben, den wir Maldek nennen. Dieser lag zwischen dem Mars und dem Jupiter, wurde aber im Laufe der kosmischen Geschichte zerstört. Seine Überreste bilden heute den so genannten „Asteroidengürtel".

In unserer mythischen Geschichte sprechen wir von **galaktischen Bezirken**. Das sind Teilbereiche unserer Galaxie. Jener Sektor, dem wir angehören, trägt in der Geschichte den Namen VELATROPA, „Ort des drehenden Lichtes“. Die meisten bekannten Sterne gehören ihm an: Sirius, Aldebaran, Antares, Arkturus, sowie die Sterne der uns umgebenden Sternbilder. Jedem dieser galaktischen Bezirke wird ein **Zentralstern** zugeordnet, der sich im energetischen Zentrum des Sektors befindet. Für Velatropa war dies der Stern ALCYONE, der sich einst dort befand, wo heute die Plejaden stehen. Erst nachdem sich Alcyone entäußert hatte und in der 3-dimensionalen Erscheinung explodiert war, konnten die Plejaden, der „leuchtende Anker“, entstehen. Jener Stern, der heute von den Astronomen Alcyone genant wird, ist ein neuer Stern innerhalb der Plejaden.

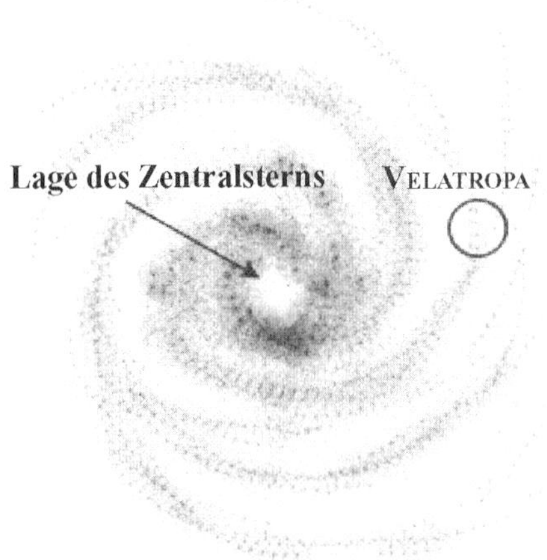

Darstellung unserer Galaxie

Die nächst größere Einheit der Sterne ist die **Galaxie**, auch Milchstraße genannt. Unsere Galaxie umfasst etwa 400 Milliarden Sterne und hat die Form von mehreren Spiralarmen, die sich um eine gemeinsame Mitte bewegen. Jene „Milchstraße“, die wir am Sternenhimmel sehen, ist nur ein Teil unserer eigenen Galaxie. Dieser ist bereits so weit von uns entfernt, dass wir mit freiem Auge darin keine einzelnen Sterne mehr wahrnehmen können und er uns daher wie ein Nebel erscheint.

Es existiert in unserer Galaxie ein exaktes Zentrum, um das sich alles dreht. Dieses Zentrum steht jedes Jahr wenige Tage vor der Wintersonnwende mit der Sonne in einer Linie zur Erde. In der Mythologie wird dieses Zentrum als **Zentralstern der Galaxie** beschrieben und wird HUNAB KU genannt. Dieser steuert gleichsam das gesamte galaktische System und übermittelt wesentliche Informationen an die Zentralsterne der galaktischen Bezirke, sowie an die einzelnen Sterne. Dieser galaktische Zentralstern gibt außerdem sämtliche räumlich-zeitlichen Bedingungen für die gesamte Galaxie vor.
Der VELATROPA Sektor liegt in unserer Galaxie im äußeren Bereich, vom galaktischen Zentrum aus gesehen etwa am Beginn des äußeren Drittels.

Die Galaxien sind ebenfalls aufeinander bezogen und bilden zusammenhängende Gruppen, so genannte **Galaxienetze**. Dies umfasst aber bereits eine kosmische Größe, die all unsere Vorstellungen gänzlich übersteigt.

Kommen wir nun wieder zu unserem eigenen Sonnensystem zurück. Unsere Sonne bewegt sich innerhalb des VELATROPA Sektors um das galaktische Zentrum. Sie bildet dabei um sich herum eine energetische Hülle, die **Heliosphäre**. Diese hat in der Bewegungsrichtung eine breitere Ausprägung und wird auf der gegenüberliegenden Seite länger und schmäler. Es bilden sich besonders im breiteren Kopf

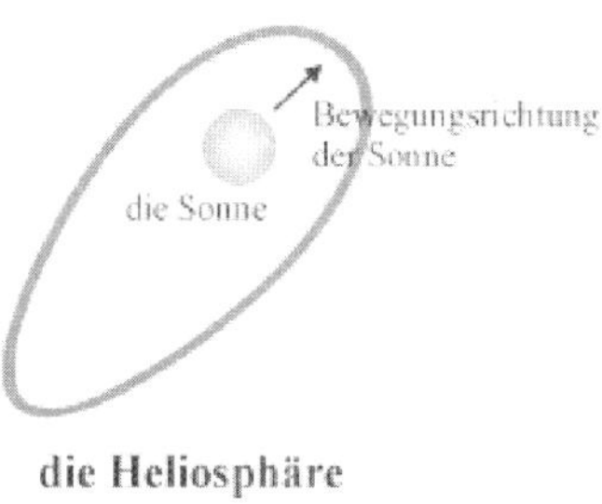

die Heliosphäre

der Heliosphäre starke energetische Verdichtungen, die innerhalb der letzten Jahre um das zehnfache angestiegen sind! Auch das stärker werdende Auftreten der Sonnenflecken auf unserem Stern deutet auf ein immer mächtiger werdendes Energiefeld in unserem Sonnensystem hin. Gleichzeitig wird aber beobachtet, dass das Erdmagnetfeld hinsichtlich seiner Intensität starke Schwankungen aufweist, an Kraft abnimmt und sich umzupolen beginnt. Das sind an sich völlig natürliche Vorgänge, die jedoch nur in sehr langen Zeitintervallen auftreten.

Interpretieren wir diese Vorgänge, so bedeutet dies, dass unsere Sonne energetische „Verdichtungen" anzeigt. Andererseits deutet die Erde eine bevorstehende magnetische Umpolung an, die wir als Umstrukturierung verstehen können.
All dies passt mit den Kalenderberechnungen der Mayas zusammen: Nach ihrem Kalender endet ein großer Zeitzyklus, ein so genanntes Baktun, am 21. Dezember 2012. Dieses Baktun dauerte etwas mehr als 5000 Jahre und mit seinem Ende werden durchaus positive Veränderungen auf unserem Planeten erwartet. Ähnliche Daten kennen wir aus der indischen Tradition. Auch hier wird das Ende des „dunklen Zeitalters" vorausgesagt.
Wir können durchaus diese Überzeugung, dass wir uns jetzt in einem großen Transformationsprozess befinden, in uns integrieren und diese Kraft nutzen, um die Matrix der Welt zu verändern und zu verbessern.

Stellen wir nun die Beziehungen zwischen den kosmischen Gegebenheiten und den entsprechenden Mandalas her:
Wenn wir mit der Galaxie selbst beginnen, so finden wir die Parallele zum Mandala SCHAMAJAHUM. Dieses beschreibt die Galaxie in ihrer Gesamtheit als einzige große Wesenheit. Sie ist gleichzeitig das archetypische Bild des Urgrundes und der nährenden Urmutter. Dieses Mandala wirkt auf uns stärkend, da es uns an das Geborgen-Sein im Urgrund erinnert, eine Erfahrung, die unser Körper aus dem Embryostadium gut kennt. Auch dort erlebten wir uns als schwerelos und unendlich geborgen.

SCHAMAJAHUM

Wenn wir gemäß der mythischen Geschichte den galaktischen Sektor Velatropa betreten, so finden wir dort einen Zentralstern, das so genannte Herz des Bezirks. Dieser trägt den Namen Alcyone. Das ihm zugeordnete Mandalabild ist LYDRO, die Kraft der Verwirklichung. Das Bild dafür ist ein zentraler Ausgangspunkt, von dem aus sich die Programme der Urmatrix entfalten und verwirklichen. Nachdem in dieser Vorstellung die Urmatrix in den kristallinen Strukturen verankert liegt, kann LYDRO als archetypisches Bild für die Kristallgitternetze gedeutet werden.

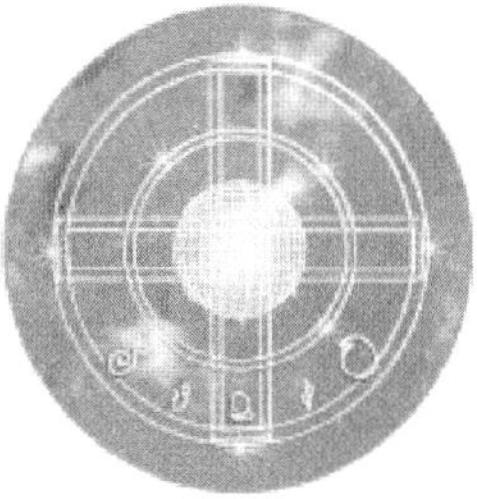

LYDRO

Wenn wir uns nun auf die nächste Ebene, zur Sonne begeben (in der mythischen Geschichte Kinich Ahau genannt), so finden wir hier das Mandala MADURIL vor. Dieses steht als archetypisches Bild für die Kraft des Spiegels,

MADURIL

LAMBAHTARAH

der die reine Wahrheit wiedergibt und alles Unwahre, alle Täuschung neutralisiert. Dadurch birgt dieses Mandala eine stark klärende Kraft in sich.

Nun kommen wir zum Planeten Erde und zur dualen Erscheinungswelt. Auf dieser Ebene haben wir zwei Mandalazuordnungen:
LAMBAHTARAH steht für das nährende weibliche Prinzip, für die irdische Mutter oder für die Erdengöttin, so wie sie in den Naturreligionen verehrt wird. Das Mandala SINGAPOR steht für das männliche Prinzip, für die Kraft der konkreten zielgerichteten Verdichtung, wie auch für die Fähigkeit, den Durchbruch zu schaffen.
Beide Mandalas zusammen können ein Feld erschaffen, in dem sich die weiblichen und männlichen Kräfte harmonisieren. Dadurch entsteht ein freier Raum, in dem kreative Ideen geboren und umgesetzt werden können.

SINGAPOR

Die Schriftzeichen

Wir haben die Darstellung der einzelnen Mandalas mit speziellen Schriftzeichen versehen. Es handelt sich dabei um eine genau entwickelte Lautschrift, die aus 20 Zeichen besteht. In dieser Schrift schreibt man die Worte genau so, wie man sie ausspricht.
Wir haben dementsprechend die grundlegenden Laute, die wir in der Sprache verwenden, abgebildet. Wir haben dabei genau 20 Grundlaute gefunden.

Die Zahl 20 repräsentiert eine grundlegende Zahl für jedes organische Leben, da es genau 20 Arten von Aminosäuren gibt. Die Aminosäuren sind die Grundbausteine für eine Vielzahl von Stoffen in unserem Körper, wie z. B. für sämtliche Hormone. Die Aminosäuren selbst stehen wiederum in einer engen Verbindung mit dem Programmcode in unserer DNA.
Wir gehen davon aus, dass eine Zahl, die an so grundlegender Stelle auftritt, nicht nur eine Anzahl (Quantität) darstellt, sondern auch inhaltlich von einer existentiellen Bedeutung ist. Wenn also das organische Leben grundlegend über die 20 Aminosäuren aufgebaut wird, so macht es durchaus Sinn, den Namensklang der Mandalas ebenfalls über 20 grundlegende Lautzeichen darzustellen.

In der von uns entwickelten Schrift wird besonders auf die Basislaute der Sprache geachtet. Daher wurde für die Buchstaben „d“ und „t“ dasselbe Schriftzeichen gewählt, da diese beiden Buchstaben unterschiedliche Modulierungen ein und desselben Grundlautes sind. Genauso sind die Buchstaben „g“, „k“ und „c“ durch dasselbe Schriftzeichen dargestellt worden.
Für andere Laute aber gibt es in unserem Alphabet keinen eigenen Buchstaben. Diese müssen durch Zusammensetzung mehrerer Buchstaben umschrieben werden, wie z. B. „sch“ und „ch“. In der von uns entwickelten Schrift wurde diesen Lauten aber ein eigenes Zeichen zugeordnet.

Die Schreibweise in dieser Schrift beinhaltet weder Doppelbuchstaben, noch ein stummes H, oder ein „ie“ usw. Jedes Wort wird so dargestellt, wie man es wirklich spricht. So wird z. B. das Wort „Sonne“ wie „Sone“ geschrieben, das Wort „Feuer“ wie „Foier“, Quelle wie „Kwele“ und „Xylophon.“ wie „Ksülofon“.

Die einzelnen Schriftzeichen selbst haben wiederum jeweils ganz spezielle Bedeutungen, die wir in einem eigenen Buch gemeinsam mit den „Codes“ und „Codons“ der Matrix beschreiben werden. So gesehen trägt jedes Wort in sich bereits eine Fülle von Bedeutungen (jedes Schriftzeichen selbst ist bereits ein eigenes Sinnbild), die in der Summe, im Zusammenklang das Wort (eine neue Bedeutung) ergeben.

Dies ist ein Sinnbild für die Welt, wie wir sie begriffen haben: Wir befinden uns in einer Welt, in der sich eine Fülle von Bewusstseinsebenen durchdringen. Vereinen sich mehrere Bewusstseinsbereiche (wie hier die einzelnen Zeichen) zu einem gemeinsamen Bereich (dem gesamten Wort), so ergibt sich daraus eine gänzlich neue übergeordnete Identität.

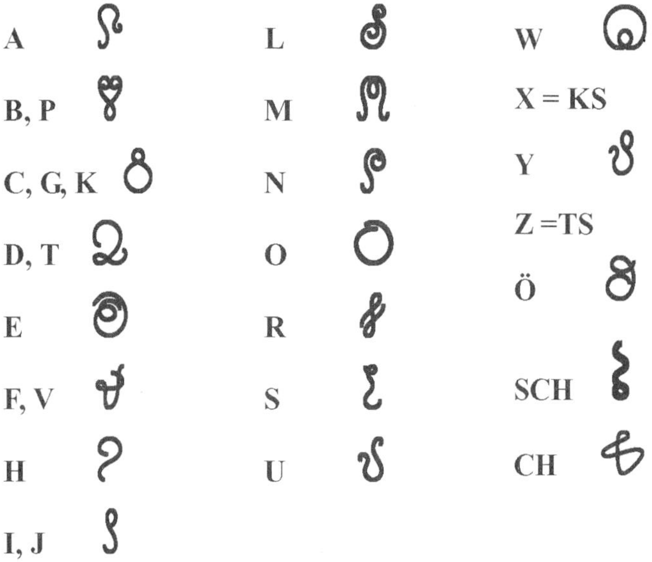

Die praktische Anwendung der Mandalas

Die Auswahl der Mandalas

Eine Hilfe zur Auswahl des passenden Mandalas bietet das Indexverzeichnis (im Anhang an die Beschreibung der einzelnen Mandalas).

Wir können die archetypischen Bilder der Mandalas verwenden, um sie in uns zum „Klingen" zu bringen. Es stehen 19 Mandalas zur Auswahl. Wenn ich nun nicht weiß, welches Mandala gerade sinnvoll für mich ist, kann ich folgendermaßen vorgehen: Ich lege alle Mandalas vor mir auf und betrachte sie, ohne darüber nachzudenken. Ich lasse den Blick über die Bilder streifen und warte, bis mir eines besonders auffällt. Dieses wähle ich dann und mache damit eine der im Folgenden beschriebenen Übungen.

Wir haben im Anhang an die Beschreibungen der Mandalas ein Indexverzeichnis angefügt. Wenn wir eher mental das gerade passende Mandala finden wollen, gibt es dort die Zuordnungen der Mandalas zu bestimmten Themen.

Die Übertragung auf sich selbst

Wenn wir uns für ein Mandala entschieden haben, können wir diese Mandalainformation in uns aufnehmen.

Elim

Schaffe dir eine gemütliche Atmosphäre und finde zu einer inneren Ruhe und Sammlung. Zeichne mit der Hand das Symbol Elim vor dir in den Raum. Du symbolisierst dadurch die Bereitschaft für die Aufnahme jener Frequenzmuster, die das Mandala darstellt.

Beginne das Zeichnen von ELIM mit der inneren Linie.
Nimm nun das Mandala zwischen beide Hände und *spüre*. Möglicherweise nimmst du eine Wärme oder ein Kribbeln zwischen deinen Händen wahr.
Stell dir vor, wie die Mandalainformation *in dir selbst* zum Klingen kommt. Das Mandala ist ein Impulsgeber, ein archetypisches Bild, das in dir etwas auslöst, was für deine Entwicklung von Nutzen sein wird.
Halte das Mandala solange in deinen Händen, solange es dir angenehm ist. Nach unserer Erfahrung sind 5 bis 10 Minuten ein guter Zeitrahmen.
Lege dann das Mandala wieder ab und zeichne vor dir das Symbol OOM. Du symbolisierst damit das Ende des Vorgangs und die Stabilisierung der in dir angeklungenen Mandalainformation. Beginne beim Zeichnen des Symbols OOM mit der äußeren Linie.

OOM

DIE PROGRAMMIERUNG VON KRISTALLEN

Kristalle haben die Eigenschaft, stetig Impulse abzugeben, die messbar sind. Dies entspricht ihrem *Herzschlag*. Die Art dieser Impulse ändert sich, wenn wir auf den Kristall ein „Programm“ – z. B. eine Mandalainformation – übertragen. Auch dies konnte nachgewiesen werden. Der Kristall gibt jenes Programm, das er in sich beherbergt, durch seine Impulse an die Umwelt und an den Menschen, der ihn bei sich trägt, ab.

Der „Herzschlag“ eines Kristalls ist als stetiges Pulsieren messbar.

Die Anzahl der Programme, die ein Kristall tragen kann, ist an sich unbegrenzt. Um aber einen möglichst direkten Impulsgeber für die Mandalaenergien bei sich zu haben, empfehlen wir, nur eine geringe Anzahl von Mandala-Programmen auf ein und denselben Kristall zu überspielen.

Die Übertragung einer Mandalaenergie als Programm auf einen Kristall kann am besten in den folgenden **3 Schritten** vollzogen werden:

ERSTER SCHRITT: Reinigung des Kristalls mit dem Mandala ACBAHUM.

ACBAHUM

➢ **REINIGUNG DES KRISTALLS**

Edelsteine und Kristalle wurden aus ihrem natürlichen Umfeld entnommen, als Ware betrachtet und verkauft. Dies geschah meist mehr oder weniger lieblos. Es ist klar, dass solche Behandlungen sich im Wesen des Edelsteins einprägen. Dadurch haben diese Steine zumeist eine „Trübung“ in ihrer Aura, die zuweilen auch optisch wahrnehmbar ist.
Lege ich nun einen Kristall *bewusst* und *liebevoll* auf das Mandala ACBAHUM, so findet eine tiefgehende Reinigung und Transformation statt. Der Kristall wird von dieser Mandalaenergie durchdrungen und ausgeheilt. Außerdem gelangt er wieder zu seinem ursprünglichen 100%igen Kraftpotential.
Gleichzeitig kann während der Reinigung ein Initiationsstein des ELOMIN-Netzwerkes hinzugelegt werden, sodass der Kristall, der gereinigt wird, und der Initiationsstein einander berühren. Die Hintergründe des ELOMIN-Netzwerkes sind im Buch „Antares, freie Energien und Symbolkräfte“ genau beschrieben. Es handelt sich dabei um eine Energieform, die

von Stein zu Stein weitergegeben werden kann und somit ein ständig wachsendes Netz bildet. Es beinhaltet und aktiviert vor allem die Entwicklung des *Kosmischen Menschen.*
Der Kristall sollte für zumindest 10 Minuten auf ACBAHUM liegen. Für sehr belastete Kristalle kann es sinnvoll sein, ihn für einen ganzen Tag auf dem Mandala zu belassen.
Diese Reinigung und auch die Verbindung mit dem ELOMIN-Netzwerk sind keine „Programme", sondern verstehen sich als Auswirkungen übergeordneter Energien. Sie verbrauchen keinen „Speicherplatz" und sind auch nicht löschbar. Ein auf diese Art gereinigter Kristall bleibt nach unseren Beobachtungen dauerhaft in seiner 100%igen Kraft.

➢ **PROGRAMME LÖSCHEN**

ZWEITER SCHRITT: Bestehende Programme löschen.

Der Kristall sollte nun von bisherigen Programmen befreit werden, um freie „Speicherplätze" zu erhalten und um dann die Mandalaenergie (das neue Programm) in einer reinen Form abgeben zu können.
Dazu nehme ich den gereinigten Kristall in meine Hände und sage z. B. folgenden Spruch:
Kraft meines göttlichen Bewusstseins, das ich bin, und kraft der göttlichen Liebe, die wir sind, entferne ich von diesem Kristall sämtliche Programme, die er zurzeit trägt – jetzt.
Damit ist der Kristall sofort frei.
Bei diesem Spruch geht es vor allem darum, sowohl das **Bewusstsein**, als auch die **Liebesenergie** in uns zu aktivieren. Es geht dabei vor allem um die Verbindung mit den kollektiven Bewusstseinsbereichen und den tran-

szendenten Ebenen. Da dort die Individualität (das Ich bin) in die Gesamtheit (das Wir sind) eingeht, lautet der Spruch an dieser Stelle *„kraft der göttlichen Liebe,* ***die wir sind****"*.

➢ Eine Mandalaenergie als neues Programm übertragen

Dritter Schritt: Neues Programm übertragen.

Nun kann ein Mandala als neues Programm auf den Kristall übertragen werden. Ich lege dazu den Kristall auf das ausgewählte Mandala und sage folgenden Spruch:
Kraft meines göttlichen Bewusstseins, das ich bin, und kraft der göttlichen Liebe, die wir sind, übertrage ich auf diesen Kristall die Mandalaenergie .... (Name des Mandalas).
Möge das Programm von .... (Name des Mandalas) *jetzt wirksam werden und solange wirksam bleiben, bis es wieder gelöscht wird. Ich segne* .... (Name des Mandalas) *und ich bedanke mich.*
Nun lasse ich diesen Kristall für zumindest 7 Minuten auf dem Mandala liegen, und die Übertragung ist vollbracht. Wird das Programm nicht gelöscht, so bleibt es von nun an in diesem Kristall gespeichert, solange er existiert.
Ich kann in derselben Weise weitere Mandalaenergien auf diesen Kristall übertragen. Es ist jedoch empfehlenswert, besonders dann, wenn mein System diese Energien noch nicht kennt, nicht zu viele Programme gleichzeitig zu aktivieren, da es sich um sehr hochdimensionale Energieformen mit sehr hoher Wirksamkeit handelt. Jeder Mensch entscheidet dabei in völliger **Eigenverantwortung**. Denn wir sind kosmische Menschen; wir sind

auf dem Weg von kosmischen Kindern zu völlig selbständigen kosmischen Erwachsenen, die niemanden mehr benötigen, der sie führt und der für sie Entscheidungen trifft. Wir sind freie und voll mündige kosmische Weltenbürger. Das ist eine der wesentlichen Botschaften von KORDULAH.

ENERGETISIERUNG VON RÄUMEN UND ORTEN

Alleine schon dadurch, dass ich ein Mandala in einen Raum lege oder es wie ein Bild an der Wand anbringe, werden das archetypische Bild und die damit verbundenen Frequenzmuster, welche das Mandala darstellt, angeklungen und aktiviert.

Ich kann aber auch die linke Hand auf das Mandala legen und über meine rechte Hand die Mandalaenergie mental auf den Raum übertragen. Ich begleite dies wieder mit folgendem Spruch:

Kraft meines göttlichen Bewusstseins, das ich bin, und kraft der göttlichen Liebe, die wir sind, übertrage ich auf diesen Raum/ auf diesen Ort die Mandalaenergie.... (Name des Mandalas).

Möge .... (Name des Mandalas) *jetzt wirksam werden und solange wirksam bleiben, solange dieser Raum/ dieser Ort existiert.*

Ich segne .... (Name des Mandalas) *und ich bedanke mich.*

Ich stelle mir dabei vor, wie diese Mandalaenergie aus meiner Hand heraus fließt und auf den Raum oder Ort übergeht. Ich bin dabei Mittler und stehe als Mensch in der Mitte zwischen der göttlich-kosmischen und der irdischen Ebene.

Mandalaenergien strömen aus den Handchakren und fließen so auf den Ort ein.

Es kann so diese Energie auf ganze Häuser oder Landschaftsteile übertragen werden. Wenn mehrere Menschen dies in einer Gruppe gemeinsam tun, verstärkt sich dadurch natürlich die Wirksamkeit.

Eine therapeutische Anwendung

Wir können jede Mandalaenergie z. B. in therapeutischen Sitzungen auf einen Menschen übertragen und dadurch die archetypischen Bilder in seinem System anklingen.
Schaffe dazu eine ruhige und entspannte Atmosphäre. Eine kurze Meditation kann den Menschen, der sich dir anvertraut hat, vorbereiten, damit er tatsächlich anwesend ist und die alltägliche Welt zurücklassen kann.

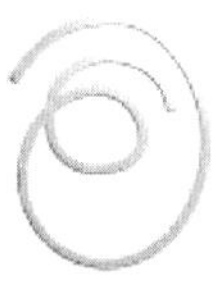

Elim

Lass ihn drei Mandalas auswählen, eines für das Herz, eines für die Kraft (für den Solarplexus) und eines für die Wahrnehmung (für das dritte Auge).
Der Mensch legt sich entspannt hin. Zeichne nun über ihn das Symbol Elim.
Lege nun die ausgewählten Mandalas auf sein Herzchakra, auf sein drittes Auge und auf seinen Solarplexus. Sag ihm, dass er *spüren* soll, was sich in ihm tut, ohne darüber nachzudenken und ohne es zu bewerten.

Oom

Begleite den Menschen in dieser Entspannungsphase, indem du dir vorstellst, dass alle Informationen, die für ihn hilfreich sind, jetzt auf ihn übergehen. Wichtig ist dabei eine gänzlich wertfreie Haltung von deiner Seite. Denke nicht nach über den anderen, sondern bleib in der reinen Vorstellung der Übertragung der Mandalafrequenzen.

Nach 15 bis 20 Minuten zeichne das Symbol Oom über die Aura des Liegenden und führe ihn aus der Meditation wieder heraus.

Aufnahme der Mandalafrequenzen in der Traumebene

Besonders gut geht eine Mandalaenergie während des Schlafes auf den Menschen über. In der Traumebene sind wir mit unserem Bewusstsein in einer anderen Art und Weise verbunden, als im Alltag.
Lege dazu das Mandala in deinem Schlafbereich auf. Es macht Sinn, wenn du dich für ein oder zwei Mandalas entscheidest.
Wenn du z. B. das Mandala Enuil wählst, so können dadurch sehr intensive Prozesse ausgelöst werden. Es hat sich durch unsere praktische Erfahrung gezeigt, dass wir das Mandala Enuil gleichzeitig mit dem Mandala Yesirah verwenden sollten, um die Prozesse sanfter und ruhiger zu gestalten.

Die Fernübertragung

Fernübertragung geschieht über ein Foto, das auf dem Mandala liegt.

Es gibt freilich auch die Möglichkeit der **Fernübertragung**: Sehr wirkungsvoll erweist es sich dabei, wenn ein Foto oder ein Blatt Papier mit Name und Geburtsdatum auf ein Mandala aufgelegt wird. Hier soll aber besonders darauf hingewiesen werden, dass eine Fernübertragung auf einen anderen Menschen nur mit dessen bewusstem Einverständnis stattfinden sollte. Es ist klar, dass dies nicht immer möglich ist. Dann gilt es aber zu überprüfen, warum ich diese Fernübertragung durchführen will. Tue ich dies aus reiner Herzensliebe und völlig frei von Eigennutz, so wird es gut sein. Tue ich es aber, damit ich mich selbst gut oder „wertvoll" fühle, oder um den anderen zu manipulieren, so sollte ich es jedenfalls bleiben lassen. Jede Motivation, die aus ich-bezogenen Ebenen stammt, wirkt sich bei diesen Handlungen ungünstig auf mich selbst aus.

Entscheidend sollte stets die reine, freie Herzensliebe sein.

Die Übertragung einer Mandalaenergie auf ein Vorhaben (z. B. schwierige Verhandlungen betreffend) oder auf ein Projekt findet in gleicher Art und Weise statt. Ich schreibe dazu das Projekt auf ein Blatt Papier und lege es auf das Mandala. Es ist klar, dass dadurch nur jene Projekte und Vorhaben kosmisch unterstützt werden, die dem Wohle des Ganzen dienen und den kosmischen Gesetzmäßigkeiten entsprechen. Der Versuch, mit diesen Energien zu manipulieren, würde niemals gelingen; die Mandalaenergien würden ruhen oder in einer gänzlich anderen Richtung wirksam werden.

ELIM

Eine Fernübertragung auf einen Menschen kann auch folgende Form haben:

Nimm an einem ruhigen Ort Platz und sammle dich.

YESIRAH

Stell dir nun diesen Menschen vor, denke an ihn, und versuche ihn zu spüren, den Klang seiner Stimme zu hören, seine Bewegungen zu sehen, ihn zu riechen.

Zeichne das Symbol ELIM vor dir in den Raum. Damit baust du eine direkte Verbindung zu ihm oder zu ihr auf.

Wähle nun das Mandala aus, das du auf diesen Menschen übertragen möchtest. Willst du z. B. innere Ruhe, emotionale Ausgeglichenheit und inneren Frieden übertragen, eignet sich das Mandala YESIRAH sehr gut.
Nimm das Mandala und lege es zwischen deine Hände. Stell dir vor, dass deine Hände zu Übertragungsantennen werden und die Frequenzmuster des Mandalas an diesen Menschen übermitteln.
Nach 10 bis 15 Minuten beende die Übertragung mit dem Symbol OOM.

OOM

ENERGETISIERUNG VON WASSER

Jedes Mandala kann auf Wasser übertragen werden. Die entsprechenden Informationen können so durch das Trinken dieses Wassers aufgenommen werden. Empfehlenswert ist es, einen Kristall mit ACBAHUM zu reinigen und mit einer ausgewählten Mandalaenergie zu programmieren.
Dieser Kristall wird dann in einen Wasserkrug gelegt. Das Trinkwasser aus diesem Krug nimmt die Mandalafrequenzen auf und gibt sie an unseren Körper weiter.
Eine andere Möglichkeit besteht darin, ein Glas Wasser oder einen Wasserkrug direkt auf ein Mandala zu stellen. Wichtig ist dabei die bewusste Vorstellung, dass die Mandalafrequenzen, die archetypischen Bilder des Mandalas, auf das Wasser übergehen. Unser Geist ist es, der diese Übertragung initiiert.
Besonders gut geeignet für die Wasseraufbereitung ist das Mandala NABUDAH.

Zur Energetisierung von Wasser sollten einzig natürliche, unbehandelte Kristalle verwendet werden.

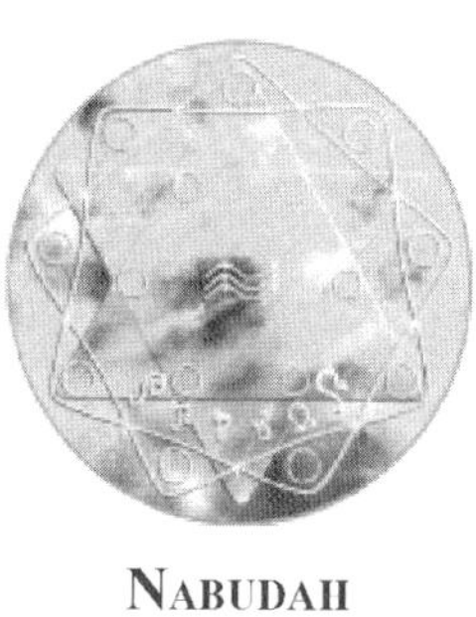

NABUDAH

Die „Links-Rechts-Übertragung“

Eine bewährte Methode, um Mandalafrequenzen auf Wasser zu übertragen, ist folgende:
Wir wählen ein Mandala aus. Wir legen dieses Mandala auf und legen die linke Hand darüber. In der rechten Hand halten wir ein Glas Wasser. Wir stellen uns nun vor, wie wir durch die linke Hand die Mandalafrequenzen aufnehmen und sie durch unseren Körper über die rechte Hand auf das Wasser übertragen. Erfahrungsgemäß genügen dafür ein bis zwei Minuten.
Diese Übertragungsart hat den Vorteil, dass die Mandalafrequenzen an unsere körpereigenen Frequenzen angeglichen werden. Wir erhalten dadurch ein energetisiertes Wasser, das unserem eigenen Energiesystem bestens entspricht.

YANDRILE

Eine besondere und sehr wirkungsvolle Anwendung der Mandalaenergien besteht in den so genannten Yandrilen. Dies sind Kombinationen von jeweils 3 Mandalas mit folgendem Aufbau:
Das Yandril ist in Form eines **Y** aufgebaut, an dessen Zweigen sich jeweils eine Mandalaenergie befindet.

1. An der Basis befindet sich das Grundthema. Diese Mandalaenergie heilt aus und bringt die Kräfte zueinander in Harmonie.
2. Am linken Y-Ast liegt die ausdrehende, abbauende und empfangende Energie, die neuen Raum schafft. Dieses Mandala vertritt den negativen weiblichen YIN-Pol in einer völlig wertfreien Form. Hier wird das, was zuviel ist, abgezogen.
3. Am rechten Ast des Y liegt die aufbauende und schöpferische, aktivierende Kraft. Dieses Mandala vertritt den positiven männlichen YANG-Pol, der in Beziehung zum negativen Pol gesetzt und in der Mitte (an der Basis) mit diesem verbunden wird.

Durch jedes Yandril entsteht Ausgleich, indem alle vorhandenen Kräfte neu geordnet und formiert werden, auf dass Heilung geschehen kann. Es sei hier darauf hingewiesen, dass es nichts gibt, was vernichtet oder verbannt werden soll, auch wenn es dem menschlichen Geist als noch so „böse" erscheint. Es geht immer nur darum, Energien (oder Wesenheiten) jenem Ort zuzuweisen, der ihnen analog entspricht. So entsteht die kosmisch-göttliche Ordnung, Verzerrungen werden aufgehoben und alle Energien und „Mitspieler" können ihr volles heilbringendes Potential entfalten.

Yandrile können sowohl **auf Orte**, als auch **auf Menschen** übertragen werden. Allerdings sollte ein Mensch, der ein Yandril übertragen bekommt, davon immer bewusst erfahren, um sich auf diese Energie auch einstellen zu können – und um selbst entscheiden zu können, ob er dies auch wirklich will.

Um ein Yandril anwenden zu können, aktivieren wir zuerst in uns selbst die **Fähigkeit der Yandrilübertragung**. Danach erst kann diese Energie über die rechte Hand auf einen Ort oder auf einen Menschen übertragen werden.

Die Fähigkeit der Yandrilübertragung

Die Fähigkeit, ein Yandril auf einen Ort oder einen Menschen übertragen zu können, muss in uns selbst zuerst aktiviert werden. Der Vorgang besteht aus drei Schritten:

1. Drei Kristallspitzen werden ausgewählt und mit Acbahum gereinigt. Danach werden sie von allen bestehenden Programmen befreit (genaue Beschreibung dazu siehe im Kapitel „Programmierung von Kristallen").

2. Nun wird je ein Kristall auf je eines jener Mandalas, die zum entsprechenden Yandril gehören, gelegt und mit diesem programmiert. Für zumindest 10 Minuten verbleiben die Kristalle auf ihren Mandalas.
3. Danach werden diese Kristalle in Y-Form aufgelegt, und zwar mit den Kristallspitzen nach außen zeigend. Sie sollten einander berühren und dem Yandril entsprechend positioniert werden. Das heißt, jener Kristall, der die Mandalaenergie der Basis des Yandrils trägt, sollte nach unten zeigen, jener mit der ausdrehenden Mandalaenergie nach links, und der dritte im Y nach rechts. So wird das Yandril durch die Kristalle dargestellt. Nun legen wir die linke Hand auf dieses Y aus Bergkristallen und führen die rechte Hand zuerst an unser Herzchakra, dann zum Solarplexus und schließlich zu unserem dritten Auge.

   Dann sprechen wir folgenden Spruch:

   Kraft meines göttlichen Bewusstseins, das ich bin, und kraft der göttlichen Liebe, die wir sind, übertrage ich .... (Name des Yandrils) *auf mich. Möge dies jetzt wirksam werden und ....* (Zeitangabe) *wirksam bleiben.*

   Ich segne .... (Name des Yandrils) *und bedanke mich.*

   Als Zeitangabe sollte zuerst nur eine kurze Zeit (z. B. 24 Stunden) gewählt werden. Erst wenn wir uns an diese Energien gewöhnt haben, kann man

„solange ich in diesem Körper existiere“ oder „auf Zeit und Ewigkeit“ angeben.

Nun haben wir die Fähigkeit, dieses Yandril jederzeit und ohne weitere Hilfsmittel (innerhalb der gewählten Zeitspanne) zu übertragen.

Die Übertragung eines Yandrils

Um nun ein Yandril zu übermitteln, bedarf es zunächst einer kurzen inneren Zentrierung. Danach öffne ich meine rechte Hand – aus dem Handchakra fließt die Yandril-Energie. Ich halte nun meine Hand über den entsprechenden Ort oder über den Menschen, der bewusst eingewilligt hat, dieses Yandril zu empfangen, und sage folgenden Spruch:

Kraft meines göttlichen Bewusstseins, das ich bin, und kraft der göttlichen Liebe, die wir sind, übertrage ich .... (Name des Yandrils) *auf diesen Ort/ diesen Menschen.*

Möge dies jetzt wirksam werden und .... (Zeitangabe) *wirksam bleiben.*

Ich segne .... (Name des Yandrils) *und bedanke mich.*

Als Zeitangabe kann gewählt werden:

Für .... Stunden/ Tage / Monate / Jahre.

Solange es hilfreich und förderlich ist.

Solange dieser Ort existiert / dieser Mensch lebt.

Nun zeigen wir den Aufbau von 3 Yandrilen. Wir haben diese bewusst an uns selbst ausprobiert. Jeder, der eigenständig Yandrile erschaffen möchte, sollte sehr achtsam damit umgehen und die Wirkung immer zuerst an sich selbst testen.

Das Yandril der Einheit (das Ur-Yandril)

Dies ist das erste Yandril, das wir erkannt und übertragen haben. Es ist gleichsam das Basisyandril und kann nahezu in jeder Situation angewandt werden.
Es geht hier darum, einen völlig wertfreien Standpunkt zu erzeugen, einen Moment der Stille, in dem die reine Herzensenergie eingeflutet wird. So werden hemmende Strukturen ins Fließen gebracht und aufgelöst. Die bestehenden Kräfteverhältnisse werden gespiegelt und dadurch zueinander in Einklang gebracht. So entsteht Ausgleich und Harmonie. Alle Kräfte finden jenen Ort, dem sie ursprünglich zugehören.

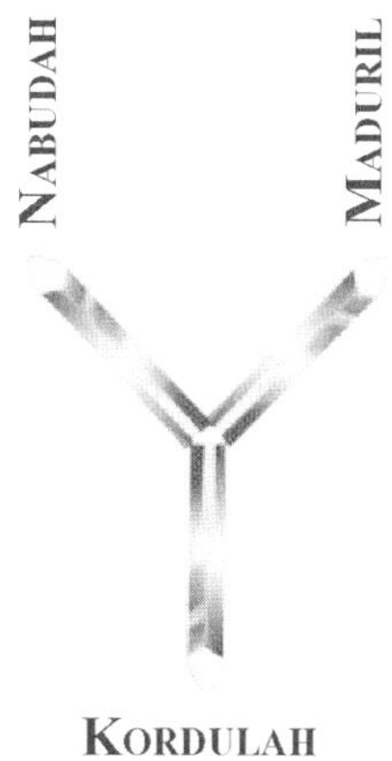

Anwendungsgebiete:

- Reinigung und Klärung von belasteten Orten.
- Ausgleich und Harmonisierung von angespannten Situationen.
- Zu Ruhe und Harmonie in sich selbst finden.
- Wenn mensch mentalen Angriffen ausgesetzt ist, entsteht durch das Ur-Yandril in ihm eine starke Strahlkraft. So wird mensch unantastbar für ungünstige Energieformen und gleichzeitig offen für förderliche Kräfte.

Der Aufbau:
An der Basis liegt das Mandala KORDULAH, als Kraft der kosmischen Herzensenergie, die im Moment der Stille einfließt und ausgleicht. Am linken Ast des Y steht NABUDAH mit der ausdrehenden, ins Fließen bringenden Energie. Hemmende und manipulierende Strukturen werden aufgelöst, die daraus ausgehenden Kräfte werden zur Ruhe gebracht.
Am rechten Y-Ast wirkt MADURIL, die Kraft der Sonne. Diese ordnet fehlgeleiteten und verzerrten Kräften den ihnen zugehörigen Ort zu. Es werden neue aufbauende Kräfte, geleitet vom kosmischen Herzen, eingebracht. Die freie Schöpferkraft entfaltet sich.

DAS EINBETTUNGS-YANDRIL

Hier geht es vor allem darum, dass mensch zu innerer Harmonie und Ruhe findet, eingebettet in die liebevolle Energie der Delfine.

Anwendungsgebiete:
- Innere Ruhe.
- Geborgenheit in sich selbst finden.
- „Schutz" durch Einbettung in den Urgrund.
- Innere Wärme und Heilung des inneren Kindes.

Aufbau:
An der Basis liegt die Mandalaenergie PLANUI. Die Liebesenergie der Delfine, den ständigen Begleitern des Menschen, fließt ein.

Am linken Ast liegt SCHAMAJAHUM, die Einbettung in den galaktischen Urgrund allen Seins. Ungünstig wirkende Kräfte werden in den Urgrund zurückgespielt und von dort neu geordnet in die Ebenen unseres Lebens eingebracht.
Die Kraft von MADURIL liegt am rechten Ast des Y. MADURIL bringt neuen Wind und stärkt uns mit seiner Wärme von innen heraus.

DAS KLÄRUNGS-YANDRIL

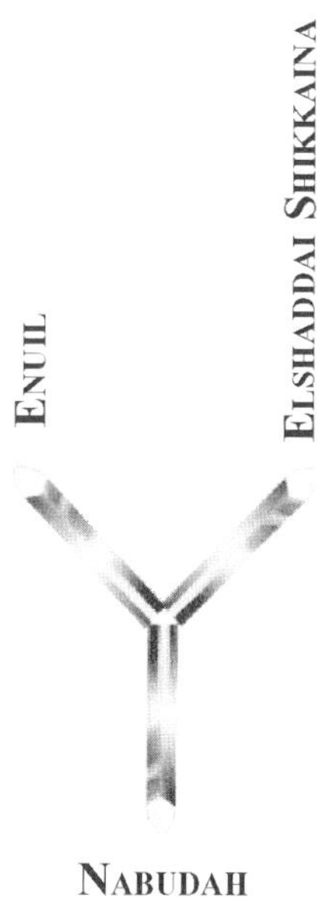

Es geht vor allem um Reinigung und Klärung von Menschen, Orten und Räumen; besonders dann, wenn sich bereits dichte trübende Hüllen um einen Ort bzw. Krankheiten um einen Menschen gelegt haben.

Anwendungsgebiete:

- Klärung von stark belasteten Orten.
- Auflösung von mentalen Hüllen, die sich um einen Ort oder um einen Menschen gelegt haben.
- Heilung im ganzheitlichen Sinne durch Klärung und Harmonisierung der Ursachen.

Aufbau:
An der Basis bringt NABUDAH alles ins Fließen und reinigt. Die Heilung findet durch Wertfreiheit statt. Es gibt nichts mehr, wogegen mensch ankämpfen muss. Gegenpole werden zueinander in Einklang gebracht, die Kräfte fließen frei und ungebunden.

Am linken Ast des Y wirkt ENUIL befreiend. Das, was unheilsam belastende Hüllen ausgebreitet hatte, wird seiner Wirksamkeit enthoben und wieder der eigenen ursprünglichen Bestimmung zugeführt. Anhaftende Astralwesen und ungünstige astrale Energien werden in einen Lichttunnel eingeschleust und an ihren Bestimmungsort geführt.
Am rechten Y-Ast bringt die Kraft von ELSHADDAI SHIKAINA Heilung durch Ganzheit. Die klare Sicht wird wieder hergestellt, die Kraft von Vater-Mutter-Gott wird aktiv.

Beschreibung der Mandalas.

Die mythische Geschichte.

Kristalle entfalten ihre Urkraft.
Die Frequenzmuster der Urmatri
werden angeklungen.

ACBAHUM

Praktische Anwendung:
Die Anwendungsmöglichkeiten von ACBAHUM umfassen folgende Bereiche:

Reinigung von Edelsteinen und Kristallen, sowie die Befreiung der Kristalle von manipulierenden Energien. Dazu den Kristall für zumindest 7 Minuten (aber auch mehrere Stunden, wenn nötig) auf dieses Mandala legen.

ACBAHUM kann gut mit kleineren und größeren Kristallspitzen nachgebildet und im Raum aufgelegt werden.

Energetisierung von Räumen und Orten
Um einen Ort in der freien Natur oder einen Raum zu beleben, können wir das Mandala auflegen oder es mit Steinen und Kristallen nachbilden.
Es kommen dadurch die Energien dieses Ortes wieder ins Fließen. Das Leben wird leich-

ter und freudvoller. Lebenskraft und Lebensfreude kehren in unser Leben ein.

Den Geldfluss aktivieren

Dazu dieses Mandala an einem Ort bzw. in einem Raum, der mit der Geldenergie verbunden ist, auflegen. Nach den Richtlinien des Feng Shui ist das in einem Raum das linke hintere Drittel, von der Eingangstür aus gesehen. Hat ein Raum mehrere Eingänge, so zählt jener, durch den meistens der Raum betreten wird.

Auch ein Schreibtisch kann als „Raum“ betrachtet werden. Wenn wir von der Sitzposition aus betrachtet das Mandala ACBAHUM im linken hinteren Drittel auflegen und uns vorstellen, wie das archetypische Bild von Fülle und Reichtum aktiviert wird, kann dies unseren Geldfluss in Schwung bringen. Stellen wir uns dabei vor, dass uns Geldmittel in *ausreichendem Maße* zufließen und von uns sinnvoll umgesetzt werden.

Maa

Durch das Symbol MAA auf der Rückseite des Mandalas wird die Wirkkraft von Acbahum verstärkt.

Die mythische Geschichte:

Im Laufe der Geschichte von VELATROPA war es der INTERSTELLAREN KONFÖDERATION sehr bald klar geworden, dass der dritte Planet des Sternenmeisters KINICH AHAU, die TERRA GAIA, für die Entwicklung der gesamten kosmischen

Völker eine wesentliche Rolle spielen werde. Denn wenn es auf diesem Planeten gelingen sollte, die Programme der Macht und Manipulation zu stoppen, würden die Umkehr und der Quantensprung in der Entwicklung gelungen sein. Rascher sogar, als es ursprünglich vorgesehen war.
Es war auch klar, dass es von Vorteil sein würde, Vorkehrungen zu treffen, die das eigentliche Basisprogramm des Kosmischen Menschen in das morphogenetische Feld des Planeten integrieren würden. Das Programm eines Lebens in Freude, Fülle, Wohlstand und umfassender Freiheit.
Und so wurde beschlossen, dass das kosmische Volk der PLEJADIER auf dem Planeten Erde eine Kolonie ausbilden sollte. Die Wahl fiel auf jenes kosmische Volk, da es gleichzeitig aus sehr alten und weisen, sowie aus sehr jungen und lebensfreudigen Individualwesen bestand – an jenem kosmischen Ort, an dem sich einst der Sternenmeister ALCYONE befunden hatte.
Nach der Entäußerung ALCYONES und der bewussten Explosion seines dreidimensionalen Sternenkörpers (was einem Erleuchtungszustand des Sternenmeisters entspricht), war ein herkömmliches Leben in körperlicher Gestalt nicht mehr möglich. Das damals dort lebende alte kosmische Volk zog sich in eine körperfreie Transzendenz zurück. Ein Schritt, der dann bewusst gelingt, wenn das kosmische Volk ein großes Wissen in sich trägt.
Als die Bedingungen für die Entstehung einer ganzen Sternenstadt gegeben waren, tra-

ten die Sternenerschaffer auf den Plan. Dies war die Geburtsstunde der PLEJADEN, *jener Sternenstadt von mehr als 400 Sternen, die es heute gibt. Dieses Ereignis, das vor etwa 70 Millionen Jahren stattfand, zog eine Fülle von kosmischen Individualseelen an. Wesen, die direkt aus der Ebene des reinen Geistes kamen und die neue Sternenstadt nutzten, um in die kosmische Räumlichkeit einzutreten. Ein Sternentor für Neuankömmlinge in* VELATROPA. *Aber auch für Wesen aus anderen Sternensystemen, die von nun an die seelengenetische Codierung der* PLEJADEN *tragen wollten. Es waren vor allem diese Neuankömmlinge, die eine erfrischend klare Kraft in dieses Gebiet einbrachten und sich mit den alten weisen Seelen verbanden.*

So entstand eine Vielfältigkeit besonderer Art in dieser Sternenstadt, eine Verbindung von großer, alter Weisheit und neuer, frischer Seelenkraft. Diese günstige Kombination der Kräfte war es wohl gewesen, die der INTERSTELLAREN KONFÖDERATION *als vorteilhaft erschienen war, um aus diesem Volk Abgesandte zur Kolonialisierung des Planeten Erde zu entsenden. Es bildete sich eine Gruppe von* PLEJADIERN, *die sich vor mehr als 100.000 Jahren auf den Weg machte, um die Erde zu besiedeln. Zunächst wurde ein hierfür geeigneter Ort gewählt, die organischen Bedingungen des Planeten wurden untersucht und die Vorbereitungen zu den ersten Inkarnationen abgeschlossen. Die Wahl fiel auf ein bis dahin unbewohntes Inselreich, das den Namen* LEMURIA *erhalten sollte. Ein Inselreich des-*

halb, weil es dadurch für lange Zeit von jeglichen äußeren Einflüssen frei bleiben sollte.
Die Hauptaufgabe des lemurianischen Menschenvolkes bestand nun darin, ein Kristallwissen höchsten Ranges zu erwerben und in weiterer Folge das gottgewollte Basisprogramm des Kosmischen Menschen in das kristalline Gitternetz des Planeten Erde dauerhaft zu integrieren. Diese Aufgabe wurde vor allem von den Wissenden der Kristallstädte Lemurias unterhalten, während das lemurianische Volk die Freude, die Fülle und den Wohlstand des Kosmischen Menschen im alltäglichen Leben umsetzte. Und dieses Volk erhielt von der Interstellaren Konföderation *die bestmögliche Unterstützung aus dem kosmischen Bereich.*
So erkannten die Weisen und Wissenden von Lemuria sehr bald, dass ein direkter Zusammenhang zwischen Mandalaformen und Kristallen bestand. Es wurde ihnen klar, dass jedes Individuum, jeder Planet, jeder Stern, sowie jede konkrete Situation über eine Mandalaform dargestellt werden kann. Mithilfe dieses Mandalas kann jedes kristalline Gitternetz programmiert werden, um so förderlich auf die Entwicklung eines einzelnen Individuums oder gar eines gesamten Volkes einzuwirken.
Als zentrale Form wurde die Mandalastruktur Acbahum *erkannt und entwickelt. Denn diese Strukturform löscht aus jedem kristallinen Gitternetz jegliche manipulative Information und bringt das gottgewollte Basisprogramm der Lebensfreude zum Erklingen. In weiterer*

Folge wurde von den Weisen und Wissenden der lemurianischen Kristallstädte diese Energieform nach und nach in das Kristallgitternetz des Planeten eingewoben. Eine Kraft, die jederzeit und von jedem abrufbar ist, sobald er die Mandalaform und den Namen kennt.

Ich bin eins mit mir.
Ich bin Teil des Universums.

1, Koruun

Praktische Anwendung:
Diese Mandala-Kraft wirkt besonders bei folgenden Themen:

Selbstwert

Wenn wir mit uns selbst eins werden, so wird uns unsere tatsächliche Größe bewusst. Wir befinden uns dann in einer umfassenden Freiheit, in der wir alles in uns selbst finden können, ohne von der Außenwelt abhängig zu sein. Dies bezieht sich vor allem auf die Abhängigkeit von Lob und Anerkennung.
Lege dazu das Mandala vor dir auf und lass es auf dich in einer meditativen Stille wirken.
Sag folgende Affirmation: „Ich bin eins mit mir selbst, ich bin eins mit dem Universum."

Einswerdung zwischen zwei Partnern über die sexuelle Energie.

Gemeint ist damit eine unendlich erfüllende Form der Sexualität, die in einen kosmischen Tanz eingebettet ist, und weit reichende verbindende Auswirkungen auf die beiden Partner wie auch auf deren Umfeld hat.
Die beiden Partner können sich dazu die Mandalafrequenz von KORUUN gegenseitig übertragen. Dazu nimmt der eine das Mandala zwischen beide Hände und hält es, bis er ein Kribbeln oder eine Wärme spürt. Dies überträgt er auf den anderen, indem er liebevoll mit seinen Händen den Körper des Partners berührt. Ein erotisch sinnlicher Tanz kann sich daraus entwickeln.

Wertfreiheit

Eine wesentliche Wirkung von KORUUN besteht im Erlernen einer allumfassenden Wertfreiheit. Besonders dann, wenn du über einen anderen Menschen aufgebracht bist, kannst du davon ausgehen, dass dies mit dir selbst zu tun hat. Unsere Umwelt spiegelt uns das, was wir in uns selbst tragen. Reagieren wir auf einen anderen Menschen sehr heftig, so gibt es in uns einen Resonanzbereich in Form eines Themas, das bearbeitet werden will.
Verwende in solch einer Situation das Mandala KORUUN im Zusammenhang mit der „Übung für den Weg zum kosmischen Menschen", die wir auf den Seiten 23 und 24 beschrieben haben. Verwende zum Abschluss der Übung das Mandala KORUUN (anstelle des Mandalas Elshaddai Shikaina). KORUUN bringt

dich in deine eigene Mitte und in eine gänzlich wertfreie innere Ruhe.

Selbstfindung

Manchmal tendieren wir dazu, uns mit äußeren Gegebenheiten zu stark zu identifizieren, wie mit einem Job, einer bestimmten Stellung, einer bestimmten Position, oder mit einer Partnerschaft (die Bezeichnung des Partners als „die bessere Hälfte“ drückt dieses sonderbare Verhaltensmuster aus). Das geht solange gut, bis wir den Job, die Stellung oder den Partner verlieren. Dann sind wir gefordert, uns wieder in uns selbst einzufinden und unsere verloren gegangenen „Seelenanteile“ wieder zurückzuholen.

ALBAAN

In solchen Situationen empfiehlt sich eine Meditation mit KORUUN. Lege es vor dir auf und lass die Mandalafrequenzen auf dich wirken. Du kannst zur Intensivierung dieses Selbstfindungsprozesses mehrfach das zu Koruun gehörige Symbol ALBAAN vor dir in den Raum zeichnen. Dies alles sind Hilfsmittel, die *in dir* das zum Klingen bringen können, was du immer in dir hattest und was immer in dir sein wird: dein Selbst, das in das große kosmische Spiel eingebettet ist.

Die mythische Geschichte:

Als der LICHTTRÄGER im VELATROPA-Sektor die Lichtmassen aus dem Zentrum der Galaxie an die Sternenmeister und Planetenerschaffer vollständig abgegeben hatte, kam für ihn eine

Zeit der Irritation und der scheinbaren Isolation. Er, der aus dem Bereich der Erzengel gekommen war, und der sich in 6-dimensionale Einzelwesen geteilt hatte, empfand sich plötzlich von der göttlichen Quelle getrennt. Als die daraus entstandenen Spiele der Macht, des Energiediebstahls und der Manipulation durch seinen Begleiter UMACHEEL *und durch die Kraft von* ENUIL, *sowie durch die Konfrontation mit dem Sternenmeister* KINICH AHAU *und dessen Kraft* MADURIL *gebannt worden waren, sollte der* LICHTTRÄGER *wieder in sein ursprüngliches Kraftpotential versetzt werden.*

Und dies sollte mittels der vereinigenden Kraft von KORUUN *geschehen.*

Es ist dies eine den Erzengeln bestens bekannte Kraft, eine Urkraft des Universums, welche letztendlich „alles was ist" wieder zur göttlichen Quelle zurückführen wird. Diese Kraft entstammt der höchsten Dimension und stellt eine Brücke in die Ebene des reinen Geistes dar. Sie drückt sich auf allen Seinsebenen aus, in unterschiedlichster Gestalt. Und sie gelangt nur dann zur Wirksamkeit, wenn die Eigencharakteristik des Individuums erhalten bleibt. Eine Kraft, die wieder zur Einheit führt, jene Leuchtkraft aber, die durch die Individualisierung der kosmischen Wesen entstanden war.

Wir sprechen also von einer Kraft, die schlussendlich alle kosmischen Wesen zu völlig gleichberechtigten Partnern von Vater-Mutter-Gott, von ELSHADDAI-SHIKAINA, *machen wird.*

Es wurde nun von den Erzengeln unter der Leitung von UMACHEEL dem LICHTTRÄGER vorgeschlagen, dass auf ihn die Kraft von KORUUN in konzentrierter Form übertragen würde. Und er willigte ein. Denn es sollten die isolierten 6-dimensionalen Seelenanteile wieder zu jener Einheit zurückgeführt werden, welche die große 12-dimensionale Wesenheit des LICHTTRÄGERS ergaben.
Und so geschah es.
Die versammelten Erzengel begaben sich in eine kraftlenkende Meditation unter der Leitung von UMACHEEL. Den LICHTTRÄGER eingebettet in ihrer Mitte. Und sie verbanden sich mit der Zentralsonne unserer Galaxie, mit dem großen Sternenmeister ACHAU MONI. Anschließend aktivierten sie, ausgehend von der Mitte des zentralen Sternenmeisters, und einströmend in das Zentrum des von ihnen gebildeten Kreises, fokussiert auf den LICHTTRÄGER, die Kraft von KORUUN.
Es fand eine gigantische kosmische Hochzeit statt.
Und es wurden die isolierten Seelenanteile des LICHTTRÄGERS angezogen und im Zentrum des Kreises konzentriert.
Und es fand eine kosmische Verschmelzung, eine großartige Einswerdung statt.
Die Wertestrukturen der isolierten Einzelwesen wurden aus ihrer Wirksamkeit enthoben. Durch die so entstandene Wertfreiheit und der sich daraus ergebenden Selbstfreiheit fielen die blockierenden Grenzen, die über eine lange Zeit den Schein der Isolation aufrechter-

halten hatten. Die blockierenden Kräfte, die zwischen den Einzelwesen aufgebaut worden waren, fielen. Und der kosmisch-göttliche Strom, der aus der Quelle kommt, konnte wieder wahrgenommen werden.
Dies war das Ende der Isolation. Die Einzelwesen der 6-dimensionalen Struktur fanden wieder in das Gesamtwesen der 12-dimensionalen Gestalt des LICHTTRÄGERS zurück. Und das gesamte Wissen, die gesamte Leuchtkraft, die in der Existenz als Einzelwesen erfahren worden war, konnte nun förderlich in das Gesamtwesen eingebunden werden.
Und so erstrahlte der LICHTTRÄGER in einer wunderbaren Pracht; weit über VELATROPA hinaus.
Und der Raum füllte sich mit einem kosmischen Regen aus Goldstaub und Lichtquanten.
Es war vollbracht.

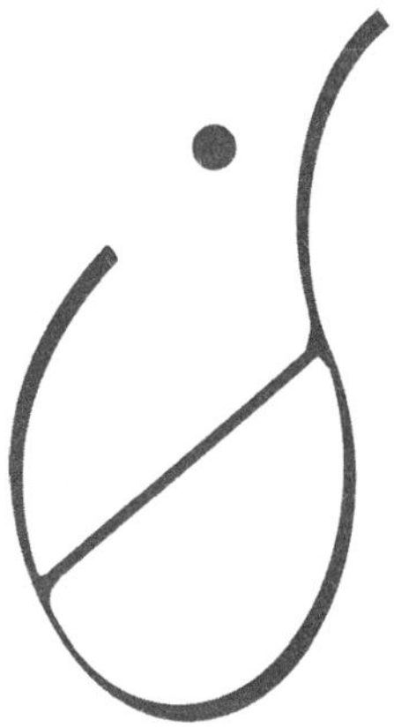

Selbstfindung.
Die eigene innere Wahrheit.
Die Einheit in sich selbst.

ALBAAN

ALBAAN ist das zu Koruun gehörige Symbol. Es zieht einzelne, vorübergehend verstreute Seelenanteile eines Menschen in dessen eigener Mitte zusammen. Fokussierung und Konzentration auf einen Punkt. Die Verbindung unterschiedlicher und doch zusammengehöriger Energien zu einer ganzheitlichen Einheit ist die grundlegende Ausrichtung dieses Symbols.

ALBAAN stärkt weiters die Eigencharakteristik, den Eigenwert und das eigene Licht. Aber stets in einer völligen Beziehungsfähigkeit zum Partner bzw. zum eigenen Umfeld. Das eigene Leuchten in einer Einbettung in der kosmischen Gesamtheit.

So wird die ursprüngliche innere Wahrheit zum letztendlichen Maß aller Dinge.

Mutterliebe und weibliche Urkraft.
Das Sinnbild der Erdengöttin.
Geborgenheit.

2, Lambahtarah

Die männliche Kraft.
Mut.
Der Durchbruch.

2, Singapor

Beide Mandalas sind dem Zahlenwert 2 zugeordnet. Sie drücken dementsprechend die Polarität und die Dualität der äußeren Erscheinungswelt aus. Ihr archetypisches Bild will uns an die Versöhnung der polaren Kräfte, an die Harmonisierung der Beziehung zwischen der männlichen und der weiblichen Energie erinnern.

Praktische Anwendungen:

Harmonisierung der männlichen und weiblichen Anteile in uns selbst

Jeder Mensch trägt in sich sowohl männliche, als auch weibliche Anteile. Wir haben sowohl eine rechte, intuitive, „weibliche“ Gehirnhälfte, als auch eine linke, mentale, „männliche“. Selten aber stehen beide in einem ausgewogenen Verhältnis zueinander, zumeist wird die eine betont und die andere unterdrückt. Wir haben gelernt, dass die Männer stark und gescheit, und dass die Frauen schwach und gefühlsbetont zu sein haben. Ein Mann beispielsweise, der Gefühle zeigt, ist „kein richtiger Mann“.
Dies sind Programme, die eine Unausgewogenheit und eine Disharmonie *in uns selbst* erzeugen. Durch die Mandalas LAMBAHTARAH (die urweibliche Kraft) und SINGAPOR (die urmännliche Kraft) können diese beiden Pole gleichwertig betont und in uns ausgeheilt werden.
Ist solch eine Harmonisierung gelungen, sind wir zu einer ungeahnten **Kreativität** fähig. Wir haben alle das Potential des Künstlers, der die Fertigkeit besitzt, mit der linken und rechten Gehirnhälfte gleichzeitig zu agieren, in uns.
Du kannst dazu folgende Übung durchführen: Lege die beiden Mandalas LAMBAHTARAH (auf der linken Seite) und SINGAPOR (auf der rechten Seite) in einem Raum oder in der Freien Natur am Boden in einem Abstand von ein bis zwei Metern auf. Stell dir vor, wie zwi-

DAS „PORTAL“:

SINGAPOR

LARO

LAMBAHTARAH

schen den beiden Mandalas, die jetzt die beiden dualen Pole „männlich" und „weiblich" darstellen, ein heilsames Energiefeld entsteht. Es ziehen gleichsam Frequenzmuster von einem Pol zum anderen.
Zeichne zwischen beiden Mandalas das Symbol LARO dreimal in den Raum.
Stell dir vor, wie du damit ein Tor, ein *Portal* erschaffen hast. Wenn du dieses Tor durchschreitest, wirst du dahinter einen Raum vorfinden, in dem alle Verletzungen, die dem männlichen und dem weiblichen Teil in dir widerfahren sind, geheilt sein werden. Es werden die beiden Pole miteinander Frieden schließen.
Durchschreite nun langsam dieses Tor. Gehe Schritt für Schritt zwischen den beiden Mandalas hindurch. Sage innerlich: „Heilung findet *jetzt* statt."

Eine Partnerschaft harmonisieren

Das „Portal" wird aufgebaut und mit dem Partner gemeinsam durchwandert.

Wenn in der Partnerschaft Dissonanzen auftreten, dann liegt das zumeist nicht daran, dass wir den „falschen" Partner gewählt haben, sondern daran, dass es zwischen dem männlichen und weiblichen Teil *in uns* noch keinen nachhaltigen Frieden gibt.
Eine Übung für die Harmonisierung von Partnerschaften kann in ähnlicher Art und Weise vollzogen werden. Bau genauso wie oben das Portal mit den beiden Mandalas auf. Gehe dann Schritt für Schritt *gemeinsam* mit deinem Partner, Hand in Hand hindurch. Beim Hindurchgehen kann jeder für sich innerlich

sagen: „Harmonisierung findet jetzt *in mir* statt."

Einen Partner finden

Wenn wir einen Partner suchen, sollten ebenfalls die beiden dualen Pole in uns harmonisiert sein. Es macht wenig Sinn, den Märchenprinzen oder den Erlöser, der dich „glücklich macht", zu suchen – du wirst ihn nicht finden. Denn glücklich machen kannst du dich nur selbst. Du kannst nur in dir selbst das Glück finden, um es mit einem Partner zu teilen! Alles andere sind keine guten Voraussetzungen für eine nachhaltige, tiefgehende und glücklich machende Partnerschaft.

Der „Laro-Kristall" wird mit den Mandalafrequenzen LAMBAHTARAH und SINGAPOR informiert.

Auch hier kannst du mit den beiden Mandalas ein Portal aufbauen, in das du LARO hineinzeichnest. Wenn du hindurchgehst, sage: „Ich harmonisiere die männliche und weibliche Kraft in mir. Ich ziehe den Partner, der zu mir passt, jetzt an."
Du kannst dir zusätzlich einen „Laro-Kristall" herstellen, indem du auf einen Kristall die Programme von LAMBAHTARAH und SINGAPOR überträgst und darüber dreimal das Symbol LARO zeichnest. Dadurch kann eine Magnetisierung deiner eigenen Schwingung stattfinden, welche den für dich richtigen Partner anzieht.

Geborgenheit und Mutterliebe

Das Mandala LAMBAHTARAH steht archetypisch für die Geborgenheit in der Mutterliebe. Wenn es uns daran mangelt oder wenn problematische Themen mit unserer Mutter aufkommen

Das Mandala LAMBAHTARAH auf die Brust auflegen.

(auch in therapeutischen Sitzungen), dann kann es hilfreich sein, sich entspannt hinzulegen und das Mandala LAMBAHTARAH auf die Brust (mit der Farbseite zum Körper) aufzulegen.
Stell dir vor, wie eine tiefgehende Geborgenheit dich durchströmt und sich anhaltend in dir verankert.

Kraft. Den Durchbruch schaffen

Die Mandalafrequenzen von SINGAPOR zwischen deinen beiden Händen aktivieren deine Kräfte.

Das Mandala SINGAPOR steht für Kraft, Mut und die Fähigkeit, den Durchbruch zu schaffen.
Wenn es in deinem Leben darum geht, nimm das Mandala zwischen deine beiden Hände und spüre, wie die Kraft in dir erwacht.

Harmonisierung von zwischenmenschlichen Beziehungen

Die folgende Übung eignet sich zur Klärung und Harmonisierung jeder Art von Beziehungen. Dies können sein:

- Liebesbeziehungen
- Freundschaften
- Geschäftspartner
- Eltern-Kind-Beziehungen
- Klärung der Ahnenreihe

Diese Übung wird besonders schwangeren Frauen nahe gelegt, damit Unklarheiten in der Ahnenreihe und vor allem die Wiederholung von Familienproblematiken nicht auf das Ungeborene übertragen werden.

Auch bei Loslösungsprozessen zwischen Eltern und Kind ist diese Übung für beide Teile sehr wirkungsvoll.

Diese Übung bringt dich in deine innere Ausgeglichenheit. Daher verwenden wir hier das Mandala Koruun. Es wird dabei keinesfalls versucht, den anderen Partner zu verändern! Es wird vielmehr deine persönliche Position zum Partner geklärt. Du wirst in deinen „Ich-bin-Zustand“ gebracht, sodass du in dir ruhst. Das Problem, das du mit deinem Partner hast, harmonisiert sich dadurch.
Die beiden Mandalas Lambahtarah und Singapor gleichen in dir deine männlichen und weiblichen Anteile aus.
Das Mandala Elshaddai Shikaina gibt dir die nötige Rückenstärke und klärt deine Beziehung zu deiner Ahnenreihe, macht dich unabhängig davon und gibt dir alle Kraft, die du auf der Ebene Vater- und Mutterliebe brauchst.

Die Übung:
Nimm einen Stuhl oder ein Sitzkissen und lege die Mandalas nach folgendem Schema auf:
Von der Sitzposition aus betrachtet liegt das Mandala Elshaddai Shikaina am Boden hinter dir, Lambahtarah am Boden vorne links und Singapor am Boden vorne rechts.
Stell dir vor, wie dieses Mandaladreieck ein heilsames, stärkendes

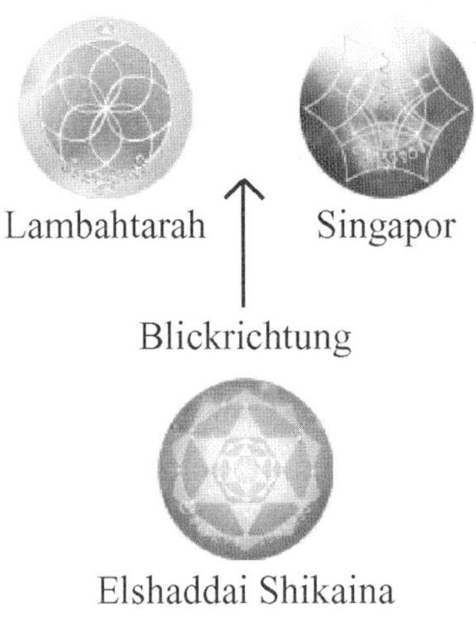

Energiefeld erzeugt. Setze dich dann in die Mitte auf den Stuhl.
Nimm das Mandala Koruun zwischen deine beiden Hände.
Atme ruhig und bewusst.
Sage mehrfach innerlich „*Ich bin, ich bin, ich bin...*“.
Bleibe solange in diesem Feld, bis du eine deutlich spürbare innere Ruhe feststellen kannst.

Es macht in akuten Situationen durchaus Sinn, diese Übung zwei bis drei Mal in der Woche zu wiederholen. Verstärkend wirkt, wenn eine zweite Person (der „Therapeut“) anwesend ist, außerhalb des Feldes bleibt und dich durch positive Gedanken unterstützt.

Ritual zur Verbindung mit der Mutter Erde

In diesem Ritual geht es darum, dass wir uns mit dem großen Bewusstseinskollektiv „Mutter Erde“ verbinden und vor allem die Beziehung Mensch zu Mutter Erde harmonisieren. Dieses sollte in einer Gruppe von mehren Menschen in der freien Natur stattfinden. Am besten beginnen wir mit einem Räucherritual, um uns aufeinander einzustimmen.
Danach teilt sich die Gruppe (polar) in zwei Untergruppen. Die eine übernimmt die Aufgabe, das Mandala Lambahtarah mit Naturmaterialien zu gestalten, die andere das Mandala Singapor. Es werden dabei die beiden Mandalas an einem vorher ausgewählten

Platz nebeneinander in ungefähr derselben Größe aufgelegt. Verwendet werden dazu Steine, Zweige oder ähnliche natürliche Dinge, die unmittelbar in der Nähe dieses Ortes gefunden werden.
Jede der beiden Untergruppen arbeitet dabei vorerst für sich. Ist das Mandala fertig gestellt, so umkreist diese Gruppe das Mandala mehrfach. Dabei wird LAMBAHTARAH gegen den Uhrzeigersinn und SINGAPOR im Urzeigersinn umkreist.
Danach wird ein großer Kreis gebildet, der die Teilnehmer beider Untergruppen umfasst und wieder zu einer Einheit zusammenführt. Der große Kreis umschließt nun beide Mandalas. Es werden nun diese mehrfach umrundet.
Förderlich sind dabei die Verwendung von Klangschalen, Trommeln und anderen Klanginstrumenten, sowie das Singen der Mandalanamen.
Dieses Ritual kann sehr viel in uns selbst bewirken. Es erinnert uns aber vor allem daran, dass Mensch und Planet Erde eine untrennbare Einheit bilden.

Die mythische Geschichte:
Nach der Entstehung des Sternes KINICH AHAU strebte der Sternenmeister danach, seiner kosmischen Stimme Ausdruck zu verleihen. Es ging gleichsam darum, Schwingungsfrequenzen zu erschaffen, um damit seinen Gesang in den Kosmos hinaus zu transportieren. Den neu geborenen Sternen gelingt dies

entweder durch den Zusammenschluss in einem Sternenverband, einer Sternenstadt, wie dies auf den relativ jungen Plejaden der Fall ist, oder durch das Erschaffen von Planeten, die um den Sternenmeister kreisen. Denn es ist diese kreisförmige Bewegung, welche die Schwingungsfrequenzen erzeugt und dadurch dem Sternengesang eine Harmonieebene, also gleichsam eine Stimme verleiht.

Und so traten um den Sternenmeister KINICH AHAU *die Planetenerschaffer auf den Plan, denn es würde nun bald Arbeit für sie geben.*

Der Sternenmeister versank in einen tiefen visionären Traum und bereitete dadurch die Geburt der Planeten vor. Es sollten zehn Planeten sein, die ihn umkreisen würden.

Der dritte Planet sollte eine besondere Schönheit erhalten. Ein nicht allzu großer Planet, aber einer, der aufgrund seiner besonders begünstigten Lage für die Entwicklung dieses Systems und sodann für die Entwicklung des gesamten VELATROPA*-Sektors von besonderer Bedeutung sein würde. Er würde den Namen* TERRA GAIA *tragen und auch der „blaue Planet" genannt werden.*

Der visionäre Traum des Sternenmeisters verursachte am Geburtsort dieses Planeten besonders heftige Vibrationen und schuf somit die Rahmenbedingungen für die planetare Geburt. Die Planetenerschaffer nutzten dies und erzeugten Bewegungsmuster, die zu materiellen Verdichtungen führten und daraus den planetaren Körper entstehen ließen. Dieser wurde in eine Kreisbewegung um den Sternenmeister versetzt. Doch bedurfte es

noch mehrerer hundert Umkreisungen dieses unvollständig ausgebildeten Planetenkörpers, bis dieser in die exakte Umlaufbahn mit der bestmöglichen Schwingungsfrequenz gebracht werden konnte. Und es dauerte ebenso lange, bis sich die Atmosphäre des Planeten entwickeln konnte und ihm seine blau schimmernde Oberfläche gab.
Schließlich war der Moment der Inkarnation in den Planetenkörper gekommen. Es ist dies in der Regel einer der Planetenerschaffer, der in den planetaren Körper inkarniert und diesen solange belebt, solange der Planet in dieser Form existiert.
Doch für diesen Planeten war die Bestimmung eine andere. Es sollten zwei Planetenerschaffer in ein und denselben planetaren Körper eintreten – Mama Ahana, die weibliche Planetenerschafferin, und Brahm Atma, der männliche Seelenanteil. Zwei galaktische Seelen, die aus einer großen Einheit entstammen und zueinander völlig polar sind. Das bedeutet, dass dort, wo der eine in seiner Seelenstruktur eine „Vertiefung" besitzt, der andere in der dazu passenden Seelenmatrix eine „Erhöhung" aufweist. Durch diese absolut gegengleiche Polarisierung wird letztendlich eine großartige Verschmelzung stattfinden, dann, wenn die dimensionalen Wege in diesem Universum gegangen sein werden. Dann, wenn wieder das Eingehen in die göttliche Quelle stattfinden wird. Dann, wenn beide ihre völlige Eigencharakteristik entwickelt haben und dadurch Träger einer besonderen Bewusstheit sein werden.

Während der äonendauernden Wege in diesem Universum geht es aber darum, zueinander in Beziehung zu treten, ohne in die letzte Verschmelzung einzugehen. In eine Wechselwirkung zu treten und darin die Eigencharakteristik der seelischen Kristallmuster zu entwickeln. In diesem Sinne prägten die beiden Planetenerschaffer deren Kristallgitter in den planetaren Körper der TERRA GAIA ein - LAMBAHTARAH, die Mandalastruktur der MAMA AHANA, und SINGAPOR, jene des BRAHM ATMA.

Und so trägt dieser Planet in besonderer Weise das Wissen um die Polarität und die Dualität der Seelen. Daraus entsteht ein polares Spannungsfeld, das zu einer stetig wachsenden Kreativität und einem enormen Einfallsreichtum führt. Eine mächtige Schaffensfreude, die allseits genährt wird. Ein polares Spannungsfeld auch, das die Begegnung dualer Seelen, aber auch die Begegnungen der Zwillingsseelen in besonderem Maße fördert. Denn es sind vor allem die Zwillingsseelen, die zueinander in einer besonderen Beziehung stehen, da sich deren Seelenpläne weitestgehend decken und sie so einander bestmöglich unterstützen können.

Das kosmische Prinzip der Polarität.
Die magnetische Anziehung.
Die Kristallisation.

Laro

Laro erzeugt eine starke magnetische Wirkung auf einander zugehörige Pole. Dadurch wird es beispielsweise möglich, dass Partner einander finden oder zueinander eine (telepathische) Verbindung aufbauen. Dasselbe gilt auch für Menschen, die füreinander in ihrer Kristallgitterstruktur wesentliche Informationen (energetische Schwingungen) tragen, die übermittelt werden sollen.

Laro harmonisiert vor allem jene Ladung, die zwischen zwei Polen naturgegeben und auf unserem Planeten in besonderer Intensität, auftreten. Es wird diese mit einer warmen Herzensenergie belebt.
Durch diese Harmonisierung und die gleichzeitige Nutzung dieser starken Energie eröffnet sich ein weiter Raum an Möglichkeiten. Und ein mächtiger Impuls wird ausgesandt. Es werden so Kristallisationsprozesse initiiert,

welche auf der mentalen Ebene Neues erschaffen. Und es werden Manifestationsvorgänge in Bewegung gesetzt, welche das Neue aus der mentalen Ebene in die planetare, irdische Wirklichkeit einbringen. Die Neuschöpfung wird in der planetaren Wirklichkeit verankert und verwurzelt.

Im transzendenten Bereich eröffnet sich uns ein Portal, welches die Verbindung mit unserem großen Bewusstsein verstärkt.

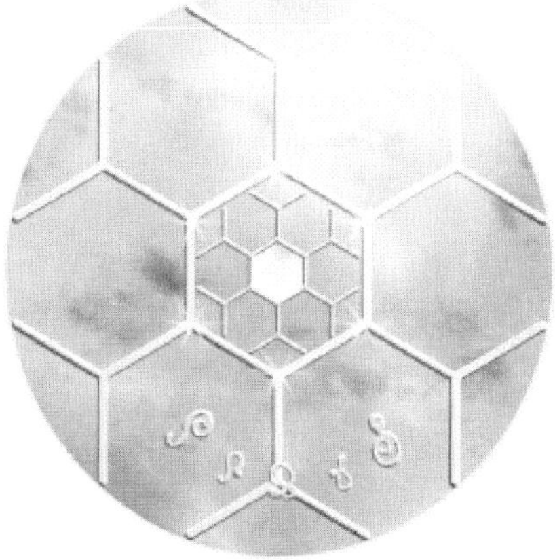

Die Erweiterung und die Verwurzelung. Ausdehnung in Raum und Zeit.

3, Naduhl

Praktische Anwendungen:

Verwurzelung und Erdung

Dies macht besonders dann Sinn, wenn ein Mensch den Boden unter den Füßen verloren hat und „abdriftet“. Hilfreich ist dabei folgendes Ritual:

Programmiere einen Kristall mit Naduhl. Du kannst damit das archetypische Frequenzmuster der Verwurzelung, das in diesem Mandala dargestellt ist, im Körper eines Menschen aktivieren. Ziehe dazu mit diesem Kristall von oben nach unten durch die Aura jenes Menschen, der geerdet werden soll. Wiederhole dies mehrfach. Dadurch holst du die abgedrifteten Energien des Menschen wieder zur Erde zurück.

Mit einem Naduhl-Kristall durch die Aura streichen, von oben nach unten und von unten nach oben.

Im zweiten Schritt kannst du nun in gleicher Weise die Kraft von unten, von der Erde durch

den Körper nach oben leiten. Auch hier kannst du mehrfach mit dem Kristall diese Bewegung durchführen. Stell dir vor, wie die Kraft der Erde durch die Fußchakren des Menschen nach oben geht. Dies lässt den Lebenssaft aus der Erde in den Körper aufsteigen.
Zum Abschluss kannst du mit diesem Kristall das Symbol Tara im Bereich des Wurzel- und Sakralchakras in die Aura des Menschen einzeichnen.

Erweiterung und Ausdehnung

Den Namen eines Projektes auf ein Blatt Papier schreiben und auf das Mandala Naduhl legen.

Alles, was sich erweitern, sich ausdehnen und wachsen will, kann mit Naduhl unterstützt werden. Wenn ein Projekt, ein Vorhaben oder eine Geschäftsidee bereits existiert und nun größer werden soll, kann man dies mit diesem archetypischen Bild fördern. Schreibe dazu das betreffende Projekt möglichst eindeutig auf ein Blatt Papier und rolle es ein. Du kannst diese Rolle mit einem schönen Band umbinden, damit es hält. Lege dann diese Rolle auf das Mandala Naduhl und stelle dir vor, wie alle hilfreichen Kräfte dieses Projekt – zum Wohle des Ganzen – unterstützen. Es macht Sinn, wenn du diese Rolle z. B. über Nacht auf dem Mandala liegen lässt.

Kommunikation

Ein Naduhl-Kristall hilf dem Vortragenden.

Sowohl als Vortragender, als auch in der alltäglichen Kommunikation oder in schwierigen Gesprächen können die Frequenzmuster von Naduhl hilfreich wirken.
Programmiere dir dazu einen Kristall, den du während des Gespräches oder des Vortrages

bei dir trägst. Als Vortragender bekommen deine Worte dann jene Bedeutung, die ihnen zustehen.

Die mythische Geschichte:

Als die kosmischen Völker Velatropa zu besiedeln begannen, bestand ihre erste Aufgabe vor allem darin, sich mit dem Planeten, den sie als ihre neue Heimat gewählt hatten, innig zu verbinden. Denn nur wenn sie die kosmisch-planetaren Gegebenheiten ihres neuen Heimatplaneten verstünden, wäre es ihnen möglich, auf diesem Kolonien zu bilden.

Der erste Schritt einer kosmischen Besiedelung bestand zumeist darin, eine neue Strukturform auszubilden. Diese diente als Bindeglied zwischen der jeweiligen Individualseele und dem 3-dimensionalen Körper, der auf dem Planeten künftig existieren würde. All jene, die auf dem Planeten Erde das Menschengewand tragen, haben ebenfalls solch eine Strukturform ausgebildet: die menschliche Seele.

Dieses Kristallgitter umhüllt gleichsam den 3-dimensionalen Körper als 5-dimensionales Gewand. Jedes Leben, das ein Wesen aus einem kosmischen Volk nun auf diesem Planeten lebt, erzeugt Abdrücke in dieser Seelen-Strukturform und bereichert diese. Bereichert diese an Form und Ausprägung.

Die wesentliche Eigenheit dieses Kristallgitters besteht darin, mit dem Heimatplaneten eine intensive Verwurzelung auszubilden. Denn es ist die planetare Wesenheit, der Heimatplanet, der den 3-dimensionalen Kör-

per nährt und ihn mit Lebenskraft versorgt. Nur so wird dieser auf Dauer lebensfähig sein. Genau diese Verwurzelung ist es auch, die eine Wechselwirkung zwischen dem kosmischen Volk und dem Heimatplaneten erzeugt. Der Planet spendet die Lebenskraft, während das kosmische Volk durch seine Verwurzelung mit diesem Planeten dessen Kristallgitter in Schwingung versetzt. Denn durch die Aktivitäten des Volkes auf der planetaren Oberfläche oder in dessen Inneren (auf einem Großteil der Planeten findet das Leben eigentlich innen und nicht an der Oberfläche statt) werden mächtige Schwingungsmuster erzeugt. In der Regel sind diese mit den kosmischen Gegebenheiten vollkommen im Einklang. Und so findet sowohl eine Aktivierung der Eigenresonanz des Planeten, als auch eine generalisierte Harmonisierung dieses Klanges statt.

Um nun diese Verwurzelung mit der planetaren Wesenheit bestmöglich durchführen zu können, wurde von den Boten der göttlichen Quelle, den Erzengelenergien, eine Kraft in den VELATROPA-Sektor eingebracht. Es war dies NADUHL, eine Kraft der Verwurzelung, der Kommunikation, der Verbindung, wie auch der Erweiterung.
Somit im ersten Schritt vor allem eine Kraft der Verwurzelung .
Als nun die Besiedelung des ersten Planeten gelungen war, erkannten die meisten kosmischen Völker sehr bald, dass eine Erweiterung und eine Kolonialisierung der anderen Planeten des jeweiligen Sternensystems sowohl

möglich, als auch kosmisch erwünscht wäre. Voraussetzung für solch eine Erweiterung war aber stets ein harmonischer Einklang mit dem Heimatplaneten. Jede Form der Dissonanz und jede Form der Achtlosigkeit dem Heimatplaneten gegenüber hätte eine Erweiterung stets verhindert.

War aber eine erste Harmonisierung des kosmischen Planetenklanges gelungen, so konnte das Siedlungsgebiet des kosmischen Volkes erweitert werden. Und auch hier erkannten die kosmischen Völker sehr bald die Wirksamkeit von NADUHL. Diesmal als Kraft der Erweiterung und Ausdehnung.

War sodann die Ausbreitung auf andere Planeten gelungen, musste ein interplanetares Kommunikationsnetz aufgebaut werden. Vor allem deshalb, um die jeweils gewonnenen Erfahrungen mitzuteilen, und um Verbindungen der planetaren Klänge zueinander zu finden. Denn auf diesem Weg sollte nach und nach im gesamten Sternensystem eine weitreichende Harmonisierung erzielt werden.

Hier erwies sich nun eine dritte Eigenschaft NADUHLS als besonders nützlich, nämlich die der Förderung kosmischer Kommunikation. Eine Art Telepathie, die über das kristalline Gitternetz stattfindet und mittels Kristallen sichtbar und hörbar gemacht werden kann.

Und so gelang es einem Großteil der kosmischen Völker, ihre Kommunikationsfähigkeit über ihr eigenes Sternensystem hinaus zu erweitern. Es wurden interstellare Kommunikationsnetze aufgebaut, welche die Grundlage zur Schaffung der INTERSTELLAREN KONFÖDERATION bildeten.

Das kosmische Prinzip der Verzweigung.
Die Erweiterung und Vermehrung.
Programme werden umgestaltet.
Neue Wege öffnen sich.

Tara

Der dritte kosmische Ton – Tara – stellt die Verzweigung dar. Dies ist eine kosmische Grundform der Bewegung, eine weitere Basisform neben der Spiralbewegung.

Tara kann durch seine verwurzelnde Kraft und durch die Bewegungstendenz der Erweiterung besonders in Entscheidungssituationen hilfreich sein.

Eine weitere Tendenz dieser Energieform ist die Vermehrung von allem, was sowohl die Entwicklung als auch die Lebensfreude unterstützt.

Außerdem werden **Programme**, die in keiner Weise mehr förderlich sind, durch Tara **umgestaltet**, besonders wenn man dieses Symbol in die Aura einzeichnet. So eröffnen sich dem Menschen zumeist völlig unerwartet neue Wege und Möglichkeiten.

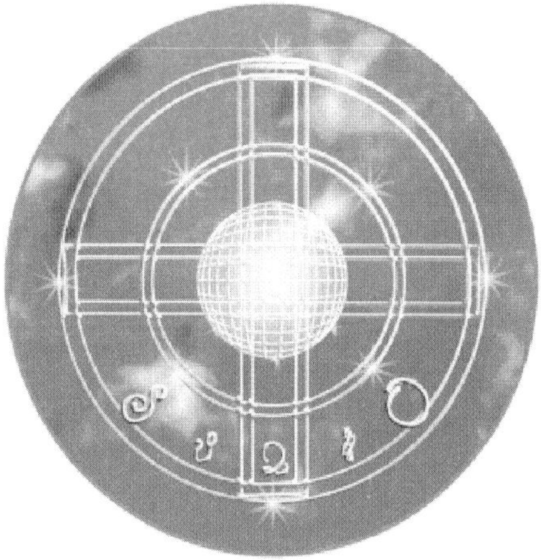

Das kristalline Gitternetz.
Die Summe
aller Möglichkeiten.
Die Verwirklichung.

4, Lydro

Praktische Anwendung:

Das archetypische Bild, das im Mandala Lydro dargestellt wird, erinnert uns an den Zugang zur so genannten Urmatrix, jenem Urprogramm, das alles so verwirklichen will, wie es dem allgemeinen Entwicklungsplan entspricht. Dieses Urprogramm ist in den „kristallinen Gitternetzen“ gespeichert.

Wir gehen in diesem Vorstellungsmodell davon aus, dass jeder Mensch für sein aktuelles Leben einen ganz persönlichen Lebensplan hat, nach dem sich bestimmte Punkte verwirklichen wollen. Dieser persönliche Lebensplan ist einverwoben in den kollektiven Lebensplan der gesamten Menschheit, der wiederum eng mit dem Lebensplan des Planeten Erde verbunden ist.

Wir müssen dies keineswegs erfüllen. Je näher wir aber in unserem Leben an unserem Lebensplan liegen, desto glücklicher sind wir.

Wenn wir in unserem Leben ein ganz konkretes Vorhaben starten wollen, so macht es Sinn, dieses mit unserem Lebensplan abzugleichen. Je mehr das, was wir vorhaben, mit dem, was wir wirklich sind übereinstimmt, desto leichter wird uns die Verwirklichung gelingen.
Wir können mit dem Mandala LYDRO unser Vorhaben in das „morphogenetische Feld", das Bewusstseinsfeld der Erde einbringen. Es findet dort „Anklang", gibt uns eine „Antwort" und strebt umgehend nach Realisation.

Das Ritual zur Verwirklichung von Vorhaben

Suche dir dafür 4 Kristallspitzen und programmiere sie mit dem Mandala LYDRO.
Schreibe nun dein Projekt, dein Vorhaben möglichst klar auf ein Blatt Papier.
Lege nun dieses Blatt auf das Mandala und die 4 Kristallspitzen in einem gleichschenkeligen Kreuz über das Blatt, wobei die Kristallspitzen nach außen zeigen. Dies symbolisiert, dass dein Vorhaben in das morphogenetische Feld der Erde eingeht.
Zeichne anschließend mit deiner Hand das Symbol LYN viermal über diese Kristalle.

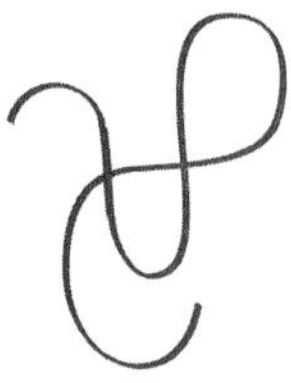

Lyn

Verstärkt wird dieses Ritual durch folgenden Spruch:
„Kraft meines göttlichen Bewusstseins, das ich bin

und kraft der göttlichen Liebe, die wir sind, schenke ich meinem Vorhaben die Kraft von LYDRO und die Verwirklichung im bestmöglichen Sinne."

Sei nun achtsam und beobachte in den nächsten Tagen, welche „Antwort" dir aus dem morphogenetischen Feld zukommt. Meistens sind dies Hinweise von Freunden, Bekannten oder auch völlig Fremden, die dir „zufällig" etwas erzählen, was mit deiner Übertragung ins morphogenetische Feld im Zusammenhang steht.
Es kann sein, dass du dein Vorhaben in bestimmten Punkten abändern solltest. Es kann auch sein, dass es erst zu einem späteren Zeitpunkt zur Verwirklichung kommen kann. Es kann aber auch sein (und wenn dein Vorhaben mit dir und deinen Fähigkeiten übereinstimmt, ist es immer so), dass sich dir alle Türen öffnen und du deine Pläne bald verwirklichen kannst.

Die mythische Geschichte:
Als im Zentrum der Galaxie der Rat der Boten aus der göttlichen Quelle beschlossen hatte, den dort entstandenen Lichtüberschuss in einem äußeren Bereich der Galaxie aufzuarbeiten, wurde bald klar, dass der Raum dazu erst geschaffen werden musste. Es würde also ein neuer galaktischer Sektor entstehen, und dieser würde den Namen VELATROPA tragen. Die Stunde des Sternenmeisters ALCYONE war also gekommen. Er war es, der den neuen

Zentralstern gebären und somit den Raum für VELATROPA erschaffen würde. Er war es, der sämtliche räumlich-dimensionalen Bedingungen, sowie das Wesen und die Taktungen der Chronologien – das Wesen der Zeit – in diesem Sektor bestimmen würde.
So stand es im Plan der großen Galaktischen Mutter.
Und so erfüllte es sich nun.
Der Sternenmeister ALCYONE erschuf in einer tiefen visionären Meditation einen neuen Zentralstern. Und er erschuf somit den galaktischen Sektor von VELATROPA.
Als dieser Stern, der von nun an den Namen seines Sternenmeisters trug, über den sich neu auffaltenden Raum seine strahlende Schönheit ausströmte, entstand eine wunderbare hochdimensionale kristalline Struktur. Das ***kosmische Kristallgitternetz*** *von VELATROPA. Diese Struktur durchdringt den gesamten kosmischen Raum und trägt sämtliche Informationen, die von der Galaktischen Mutter geträumt worden sind. Dieses Kristallgitternetz stellt einen gigantischen kosmischen Speicher dar, der den Plan und das Wesen von allem, was ist, beinhaltet. Er ist gleichsam die Quelle aller potentiellen Möglichkeiten für VELATROPA. Alles, was jemals war und alles, was sich jemals ereignen könnte, ist darin verzeichnet.*
Und der Sternenmeister ALCYONE ist der Hüter dieses kosmischen Kristallgitternetzes. Er hat sich darin völlig entäußert. Er ist selbst zu diesem Netz geworden.

Die Mandalastruktur LYDRO *verschafft den Zugang zu diesem Netz. Alle potentiellen Möglichkeiten, die im Sinne der großen Galaktischen Mutter vorhanden sind, können dadurch in die Verwirklichung gesetzt werden. Sie treten in eine kosmische Materialisation ein. Und sie erhalten dadurch eine besondere Wirksamkeit.*

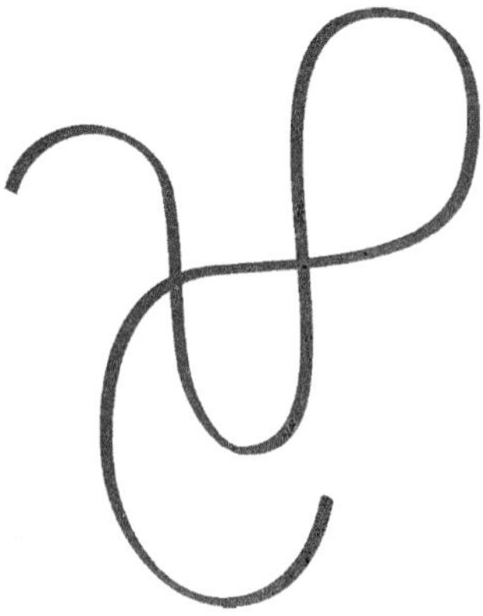

*Das kosmische Prinzip
der Verwirklichung.
Lyn verbindet uns mit der Urmatrix.*

Lyn

Lyn führt uns in die „kristallinen Gitternetze", in die Programme der Urmatrix ein. Wenn wir dieses Symbol vor uns in den Raum zeichnen, können wir uns vorstellen, wie das Urprogramm „angeklungen" wird und in uns eine Erinnerung daran auslöst.

Zeichne dieses Symbol dreimal vor dich hin. Beginne beim Zeichnen mit der Linie links oben.
Dieses kleine Ritual kann uns, wenn wir es zeitweise wiederholen, mit unserem ureigenen Schöpferpotential verbinden.

Verbunden und gemeinsam
eingebettet sein
in eine liebevolle Umhüllung.
Der Tanz der Delfine.

5, Planui

Die Lebensumstände, die wir uns auf diesem Planeten erschaffen haben, sind zeitweise ziemlich fordernd. Wir benötigen daher immer wieder Zeiten der absoluten Regeneration. Es ist für uns wesentlich, abschalten zu können.

Wir gehen davon aus, dass jeder Mensch in sich einen *Raum der Ruhe* vorfinden kann, einen inneren Bereich, der sich von äußeren Umständen in keiner Art und Weise beeindrucken lässt. In diesem Raum können wir uns regenerieren und sind offen für Begegnungen „transzendenter" Art. Das heißt, dass wir über diesen Innenraum durchaus mit anderen Menschen, als auch mit anderen, uns wohl gesonnenen Kräften, verbunden sein können. Wir betreten diesen Raum immer dann, wenn wir in einen erholsamen Schlaf hinüber gleiten. Wir können diesen Raum aber auch bewusst betreten, wenn wir uns in eine meditative

Innenschau begeben (und dafür benötigen wir nicht unbedingt einen ruhigen Meditationsraum; das ist jederzeit und an jedem Ort möglich).
Voraussetzung für das Betreten dieses Ortes ist die Fähigkeit, sich gegen die Außenwelt hin abgrenzen zu können, ohne sich von dieser abzutrennen. Am besten verdeutlicht uns das, was wir hier meinen, die Haut unseres Körpers. Die Haut bildet die äußere Hülle des Körpers, die äußere *Grenze*. Gleichzeitig ist die Haut ein äußerst sinnliches Wahrnehmungsorgan, über die wir mit anderen Menschen in einen fühlbaren, spürbaren Kontakt treten können. Damit ist die Haut sowohl Grenze, als auch *Verbindung*.

Das archetypische Bild der Delfine steht für eine grundlegende Geborgenheit in einem hoch entwikkelten Gruppenkollektiv.

Das Mandala Planui ist ein archetypisches Bild für eine angenehme, wohltuende, Geborgenheit schenkende, aber auch sinnliche Umhüllung. In diesem archetypischen Bild finden sich zwei Delfinsilhouetten, da das Bild der Delfine mit dem Bild der Geborgenheit in einem grundlegenden Zusammenhang steht.

Praktische Anwendungen:

Einschlafhilfe und Stressabbau

Planui auf die Stirn auflegen, um Stress abzubauen.

Wann wir zu innerer Ruhe kommen, oder wenn wir nach einem aufwühlenden Tag einen erholsamen Schlaf finden wollen, können wir uns hinlegen und das Mandala Planui auf unsere Stirn legen. Die Farbseite zeigt dabei zum Körper, sie berührt die Stirn. Dadurch

können rastlose Gedanken entlassen werden. Wir erinnern uns selbst an eine uns zugrunde liegende Geborgenheit.
Wir können das Mandala auch direkt im Schlafbereich auflegen.

Innere Ruhe, Urvertrauen und Lebensfreude

Wenn wir in unserem alltäglichen Leben mit Rastlosigkeit und Nervosität zu kämpfen haben, können wir uns einen Edelstein oder Kristall mit PLANUI programmieren und diesen bei uns tragen. Er erinnert uns an unsere innere Geborgenheit, wenn wir ihn berühren. Dadurch lässt sich Nervosität abbauen.
Dasselbe gilt, wenn wir uns häufig, aus welchen Gründen auch immer, von außen bedroht fühlen. Dann mangelt es uns an Urvertrauen, das durch einen Planui-Kristall wieder aufgebaut werden kann.
Durch die archetypische Erinnerung an die Delfinwesen aktiviert solch ein Kristall in uns neue Hoffnung und vor allem eine grundlegend positive Lebenseinstellung, sowie Lebensfreude.

Ein Planui-Kristall stärkt unser Urvertrauen und fördert unsere Lebensfreude.

Abgrenzung und Hautkrankheiten

Wenn wir von unseren Mitmenschen häufig „Übergriffe" erleben, Übertretungen von Grenzen, Nichtbeachtung der Intimsphäre, so liegt das meist nicht daran, dass die anderen „so böse" sind, sondern daran, dass wir uns nicht *abgrenzen* können. Ein Mensch, der die Grenze um sich herum ganz klar ausstrahlt,

wird keine Übergriffe kennen. Es ist nicht nötig, diese Grenzen zu definieren, sie zu erklären, es ist nur nötig zu begreifen, dass wir diese Grenzen haben. Grenzen sind in diesem Zusammenhang keinesfalls Trennungen, sondern der Zustand eines klaren In-sich-seins. Wenn wir das begreifen, strahlen wir es auch aus.
Wenn wir uns nicht abgrenzen können (was häufig in Eltern-Kind Beziehungen auftritt, aber auch in Partnerschaften oder im Berufsleben), so kann sich dies durch Hauterkrankungen ausdrücken (wie z. B. Neurodermitis).

Um die Fähigkeit zur Abgrenzung wieder zu aktivieren und um die Aura um uns herum wieder zu stärken, empfehlen wir folgende Übung:
Nimm das Mandala Planui zwischen deine beiden Hände, bis du Wärme oder ein Kribbeln spürst. Lege dann deine Hände auf deinen Solarplexus (oberhalb des Nabels) und stell dir vor, wie du in einem lichtvollen Raum eingebettet bist. Stell dir vor, wie diese lichtvolle Kraft in deine Aura übergeht und deine äußere Hülle kräftigt. Wenn du möchtest, stell dir Delfine vor, die dir begegnen und die dich von nun an begleiten.

Plaan

Zeichne danach mit der offenen Hand fünfmal das Symbol Plaan vor dich in den Raum, am besten auf Höhe des Solarplexus.
Wir können solch eine Übung auch als Therapeut anleiten und zum Abschluss dem Klienten das Symbol Plaan über seinem Solarplexus in seine Aura einzeichnen.

Durch diese Übung, die wir ab und zu wiederholen können, entsteht ein gewisser **„Schutz"**. Wenn wir aber zu sehr daran denken, dass wir uns schützen müssen, implizieren wir, dass wir gefährdet seien. Wir ziehen dadurch Gefahr an. Viel sinnvoller ist daher die Vorstellung, dass wir bestens **eingebettet** sind. Häufig liegt das, wovor wir uns schützen wollen, in Wirklichkeit in uns selbst!

Wir können das Mandala PLANUI auch ins Auto legen und uns vorstellen, wie diese Mandalafrequenzen unser Auto einbetten und einhüllen.

Übergänge

Die Mandalafrequenz PLANUI unterstützt uns bei jeder Art von Übergängen: Geburt, Schulanfang, Ende und Neuanfang bestimmter Lebensabschnitte, sowie der körperliche Tod – der Wechsel in eine andere Seinsebene.
Da hilft es am besten, wenn wir die Mandalaenergie über unsere beiden Hände in uns aufnehmen.

Die mythische Geschichte:

So hatten die kosmischen Völker in der Mitte der Galaxie beschlossen, ihre galaktische Reise in den VELATROPA-Sektor anzutreten, um dort als Lichtarbeiter den Lichtüberschuss aufzuarbeiten und in die galaktischen Gegebenheiten harmonisch einzubetten. In dieser Zeit traten die Delfinwesen auf und boten ihre Hilfe an. Denn sie sind es, die über die Wege innerhalb unserer Galaxie bestens Bescheid wissen. Sie sind die liebevollsten und weisesten Wegbegleiter, die unsere Galaxie kennt. Und sie entfalteten riesige kristalline Hüllen, welche das jeweilige kosmische Volk betreten und als interstellares Raumschiff nutzen konnte. Und in der Mitte dieser Hüllen befand sich jeweils eine mächtige Kristallenergie, welche den spiralförmigen Weg in den äußeren Bereich der Galaxie, in die neue Heimat, den VELATROPA-Sektor, zuwies.

Und dadurch, dass die kosmischen Völker sich in die riesigen kristallinen Hüllen einbegaben, erlebten sie eine völlig neue Wahrnehmung von Raum und Dimension. Sie konnten gleichsam ihre Wahrnehmung bis in die höchste Dimensionalität erweitern. Und sie erlebten das Universum als blühende und in Wärme einhüllende Wiege allen Seins. Sie waren so eingebettet in die große Galaktische Mutter und erlebten die Kraft der Kristallenergie in ihrem Inneren. Sie erlebten eine enorme Erweiterung ihres schöpferischen Potentials und ihrer Bewusstheit. So sammelten sie jene Kräfte, die sie für ihre bevorstehenden Aufgaben benötigen würden.

Auf ihren Reisen erwarben sie einen mächtigen Wissensschatz über die kosmischen Zusammenhänge in der Galaxie. Sie würden vor allem von nun an sich stets an die liebevolle Umhüllung durch die Weisheit der großen Delfinseele erinnern und die schützende Einbettung der Mandala-Struktur nutzen können.

Das Prinzip
der umhüllenden Einbettung.

PLAAN

Wenn wir PLAAN fünfmal über dem Solarplexus zeichnen, können wir uns vorstellen, wie um uns eine einbettende, wärmende Hülle entsteht.
Dadurch wird die eigene innere Wärme und Geborgenheit aktiviert.
Die eigene innere Energie bleibt uns besser erhalten, besonders dann, wenn sie uns häufig leicht entgleitet, wenn wir sie uns nicht einteilen können, und wenn wir mehr Energie nach außen hin abgeben, als wir regenerieren können.

*Transformation
durch das Feuer.
Neue Kräfte werden frei.*

6, Enuil

Transformation bedeutet nachhaltige Umwandlung der Form und Gestalt, wobei diese Umwandlung eine deutliche Verbesserung bringt. Wir Menschen haben in uns immer den Drang, die Gegebenheiten, in denen wir leben, zu verbessern. Häufig hindern uns dabei Ängste, wie die Angst vor dem unbekannten Neuen, aber auch eine Trägheit, welche die Gegebenheiten so erhalten will, wie sie sind. Manchmal bedarf es für eine tatsächliche Veränderung eines vehementen Eingriffes. Als archetypisches Bild für diese Transformation haben wir das Mandala Enuil kreiert. Es korrespondiert mit dem Bild des *Feuers*, welches das stärkste Transformationselement darstellt: Das Feuer wandelt Materie in Energie um.

Wenn wir uns auf die geistige Ebene begeben, so finden wir auch dort die Zusammenhänge von Form und Energie; jede Form kann

jederzeit in Energie umgewandelt (transformiert) werden und die frei gewordene Energie kann wieder zum Aufbau einer neuen Form bzw. Gestalt verwendet werden.
Übertragen wir diese Gesetzmäßigkeit auf das Vorstellungsmodell der Matrix, so heißt dies folgendes: Wir gelangen im Laufe unseres Lebens zu bestimmten Überzeugungen und Glaubensmustern. Diese Glaubensmuster erzeugen eine eigene Matrix, ein Programm, welches dann auf uns einwirkt und dadurch Wirklichkeit erschafft. Das heißt, dass wir durch unsere Glaubens- und Vorstellungsmuster unsere Lebensumstände selbst erschaffen.
Wenn dies hilfreiche Vorstellungen sind, so macht dies durchaus Sinn. Es gibt aber eine Fülle von hemmenden Glaubenssätzen, wie „Ich darf nicht reich sein" oder „Mir steht ein glückliches Leben nicht zu". Diese Glaubenssätze erschaffen Wirklichkeit und bestätigen sich dadurch selbst („Ich habe es ja gleich gewusst"). Hier macht es allemal Sinn, diese Glaubenssätze zu transformieren, sie zu „verbrennen". Haben wir sie aufgelöst, so gelangen wir in den Besitz völlig neuer Kräfte, völlig neuer Energien, die wir dazu verwenden können, bewusst neue, hilfreiche Überzeugungen zu erschaffen.
Wie wäre es z. B. mit den folgenden Glaubenssätzen?
„Ich darf reich sein!"
„Ich gestatte mir ein Leben voller Freude und Sinnlichkeit!"

Praktische Anwendungen:

Neutralisation von Glaubenssätzen

Voraussetzung für die Neutralisation hemmender Glaubenssätze ist die Erkenntnis, dass wir solche in uns tragen. Wir haben sie zumeist im Laufe unserer Erziehung übernommen. Es macht keinesfalls Sinn, jene anzuklagen, die uns diese Glaubensmuster übertragen haben. Schuldzuweisungen hätten den gegenteiligen Effekt: Sie verstärken die Wirksamkeit der Glaubenssätze! Es macht aber sehr wohl Sinn, diese Glaubenssätze zu entdecken und sie dann bewusst zu transformieren.
Du erkennst innere Glaubenssätze am besten dann, wenn dich im Außen an einem anderen Menschen etwas besonders stört. Es ist nicht der andere „so böse", sondern es ist ein Glaubenssatz in dir, der die heftige, unangenehme Resonanz auslöst. Zumeist ist es eine Überzeugung in dir, die dir sagt, dass du dies oder jenes nicht tun dürftest oder dass dir dies oder jenes nicht zustünde. Und dann begegnet dir ein anderer Mensch, der dir genau dies in irgendeiner Form widerspiegelt.
Wenn du einen behindernden Glaubenssatz erkannt in dir trägst, kannst du ihn in folgender Übung auflösen:

Notiere deinen Glaubenssatz auf ein Blatt Papier.
Nimm dir 6 kleine Kristallspitzen und eine kleine Kristallgruppe. Reinige diese mit dem Mandala ACBAHUM. Lege nun die Kristallspitzen auf das Mandala ENUIL, wobei die

Spitzen nach innen zeigen, und gib die Kristallgruppe in die Mitte des Mandalas (siehe Abbildung). Aktiviere diese Installation, indem du sechsmal das Symbol ARAMÚ darüber zeichnest.

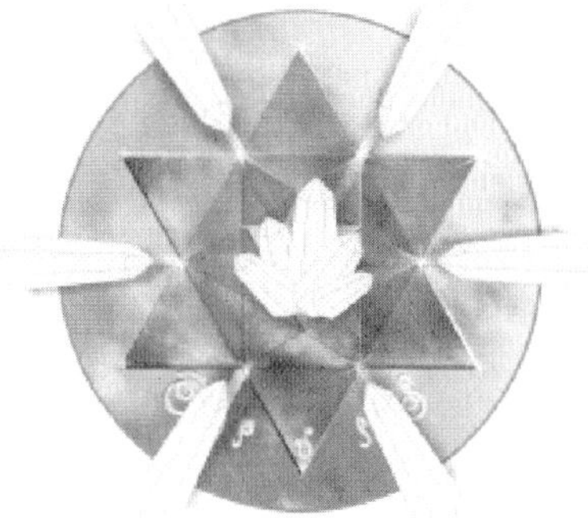

Stell dir nun vor, wie sich dein Glaubenssatz von dir löst.

Du beginnst dich aus deiner Identifikation mit dem Glaubenssatz zu befreien. Du bist nicht dein Glaubenssatz.

Sage dir: „Ich habe diesen Glaubenssatz selbst erschaffen, daher habe ich die Macht, ihn jetzt aufzulösen!"

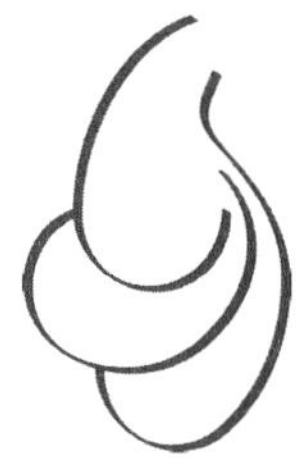

ARAMÚ

Stell dir vor, wie das Programm des Glaubenssatzes von dir abgezogen wird.

Die 6 Kristallspitzen ziehen ihn von dir ab, leiten ihn in die Mitte des Mandalas.

Dort wird er durch die Kraft des Feuers und durch das archetypische Bild von ENUIL gänzlich transformiert. Das, was bleibt, ist befreite, reine Energie. Du erhältst neue Kraft für gänzlich neue Kreationen.

Verbrenne nun das Blatt Papier, auf dem du deinen Glaubenssatz notiert hast.

Reinigung von belasteten Räumen

Wir erleben immer wieder Häuser und Wohnungen, die stark belastet sind. Ursache für diese Belastungen sind zumeist dramatische Ereignisse, die an diesen Orten in der Vergangenheit stattgefunden haben, aber auch häufiger Streit oder Ängste. All diese emotiona-

len Dissonanzen speichern sich in einem Raum oder an einem Ort ab.
Genauso können Verstorbene, die an einem Ort gelebt hatten, spürbar sein, vor allem dann, wenn sie diesen Platz zeit ihres Lebens beherrscht, kontrolliert hatten und ihn auch nach ihrem Tod nicht freilassen wollen. Das, was wir spüren, sind vor allem die Energiemuster der Verstorbenen, die aus der Vergangenheit in unsere Gegenwart hereinwirken.
Wenn ein Ort belastet ist, wird ungünstig über diesen Ort gedacht und gesprochen – von uns selbst, wie auch z. B. von Nachbarn. Es handelt sich dann um einen „verrufenen" Ort, dessen Bewohner argwöhnisch oder neidvoll betrachtet werden. All dies verstärkt die Belastung eines Ortes und hält sie aufrecht.

Die Reinigung eines belasteten Ortes besteht darin, diesen Ort aus seiner Vergangenheit zu entbinden.

Das, was wir an solch einem Ort tun können, ist die *Entbindung des Ortes* aus seiner *Vergangenheit.* Auch die Vergangenheit ist ein Programm, eine Matrix, welche Wirklichkeiten erzeugt. Es geht darum, dieses Programm zu transformieren.
Auch hier installiere das Mandala Enuil mit den 6 Kristallspitzen und der Kristallgruppe in der Mitte. Zeichne wieder das Symbol Aramú sechsmal über diese Installation. Stell dir vor, wie alle ungünstigen Programme, die aus der Vergangenheit in die Gegenwart hereinwirken, von den Frequenzmustern des Mandalas angezogen und transformiert werden. Das archetypische Bild des Feuers verbrennt alles, was ungünstig ist.
Befreiung und Freiheit.

Die Seelen oder die Energiemuster verstorbener Menschen können abziehen, emotionale Belastungen und Streitmuster vergehen.
Friede zieht ein.
Da solch ein Ritual nach unseren Erfahrungen zeitweise heftige Reaktionen hervorrufen kann, empfiehlt es sich, neben dem Mandala ENUIL auch das Mandala YESIRAH aufzulegen. Dieses Mandala bewirkt eine *harmonische, sanfte* Form der Transformation.

Es ist empfehlenswert, bei stark belasteten Orten diese Installation länger (über mehrere Tage hinweg) liegen zu lassen. Du kannst ab und zu das Symbol ARAMÚ darüber zeichnen, um dem Transformationsprozess neuen Schwung zu geben.

Die mythische Geschichte:
Als der Lichtträger im VELATROPA-SEKTOR eingetroffen war und er den gigantischen Lichtüberschuss aus dem Inneren unserer Galaxie überbracht hatte, gelang es ihm nicht, wieder zu seiner ursprünglichen Einheit zurückzufinden. Er erlebte sich selbst als eine Vielzahl von isolierten Einzelwesen. Es entstand dadurch in ihm eine Wahrnehmung des Getrennt-seins, des Herausgefallen-seins aus dem Urgrund.
Und so entstand die Angst – im Grunde ein falscher Gedanke, ein Irrtum, da es das Getrennt-sein nicht gibt. Aber dennoch eine Emotion von wesentlicher Kraft. Und diese Kraft

würde vorerst weitere Irritationen auslösen, durch die aber der gesamte VELATROPA-SEKTOR mit all seinem schöpferischen Potential gefordert sein würde. Und es würde daraus letztendlich eine Bewusstheit entstehen, die bisher noch nicht möglich war, eine Leuchtkraft, welche die gesamte Galaxie überstrahlen würde.
Und ein wesentlicher Moment auf diesem Weg, ein Moment der Transformation und des darauf folgenden Quantensprungs findet jetzt statt. Und im Zentrum des Geschehens liegt die Terra Gaia, die Mutter Erde.

Aufgrund der empfundenen Isolation der unzähligen 6-dimensionalen Einzelwesen, die aus dem Lichtträger hervorgegangen waren, und aufgrund des sich fortsetzenden Wahrnehmens eines Mangelgefühls, das aus dem Nicht-verbunden-sein mit dem Urgrund entsteht, wurden von den isolierten Einzelwesen kosmische Programme installiert, die Energien von anderen Wesenheiten ableiteten, um den eigenen scheinbaren Energiemangel zu kompensieren.
Das ist also die Wurzel sämtlicher Machtstrukturen, welche bewusst Ängste erzeugen und über ein Verstärken der Mangelgefühle andere Wesen lenkbar zu machen versuchen. Auf unseren Planeten Erde bezogen wurde ein globales mentales Programm in das morphogenetische Feld der Menschen mit großem, Jahrhunderte andauerndem, Aufwand eingebracht. Es ist dies das Programm von Mangel, Macht und Manipulation. Dieses um-

spannte unseren Planeten nahezu lückenlos und erzeugte eine globale Hypnose, gestärkt durch eine fehlgeleitete und entfremdete Zeittaktung (in 12er Schritten anstatt der kosmisch entsprechenden 13er Taktung).
In der kosmischen Geschichte trat wiederholt die Erzengelenergie UMACHEEL, *die vom Menschen gerne als „Erzengel Michael" bezeichnet wird, auf. Seine Aufgabe war es vor allem, das irritierte Treiben der isolierten Wesenheiten zu bannen. Er erschuf einen 6-dimensionalen Schild, bestehend aus zwei ineinander verwobenen Energiefeldern, die als zwei zueinander gedrehte Dreiecke dargestellt werden können.*
Dadurch wurden sämtliche fehlgeleiteten Programme neutralisiert und ihrer Wirksamkeit enthoben. Alles, was der Mensch im Moment an Machtprogrammen erlebt, hat nicht die geringste kosmische Unterstützung mehr und ist somit gänzlich entwurzelt. Mensch erlebt zurzeit nur mehr die Auswirkungen, die entstandenen Wellen und die Folgewirkungen, welche jene Programme ausgelöst haben.
Um nun diese Folgewirkungen rascher gänzlich zu transformieren, hat die Interstellare Konföderation eine 11-dimensionale Energieform entwickelt und kosmisch installiert, welche unter dem Namen ENUIL *bekannt geworden ist. Eine Mandala-Form, die dem* **kosmischen Prinzip des Feuers** *entspricht.*
In dieser Installation wurde das Schild des UMACHEEL *als Grundlage gewählt und erweitert. Es wurden in einer Sechseck-Struktur sechs Kristallenergien derart angebracht,*

dass sie in das Zentrum des Mandalas führen. Diese ziehen sämtliche irritierten und isolierten Energien aus dem Umfeld an und bringen sie in die Mitte. Dort wurde eine zentrale Kristallkraft aktiviert, welche mit dem Wesen des Feuers diese Energieformen transformiert, sie in einen neuen Zusammenhang zueinander setzt und zu einer neuen Einheit miteinander verbindet.
Es war mithilfe dieser Kraft und der später aktivierten Energieform KORUUN gelungen, den Lichtträger wieder zu seiner ursprünglichen Einheit und zu seiner kosmischen Einbettung in den galaktischen Urgrund zurückzuführen. Er ist nun für den bevorstehenden galaktischen Quantensprung von wesentlicher Bedeutung und eine entscheidende Hilfe.
Und genauso wird es gelingen, die entstandenen Irritationen und die fehlgeleiteten Programme zu transformieren und das Programm der göttlichen Quelle – FREUDE, FÜLLE und WOHLSTAND – wieder vollkommen wirksam werden zu lassen.

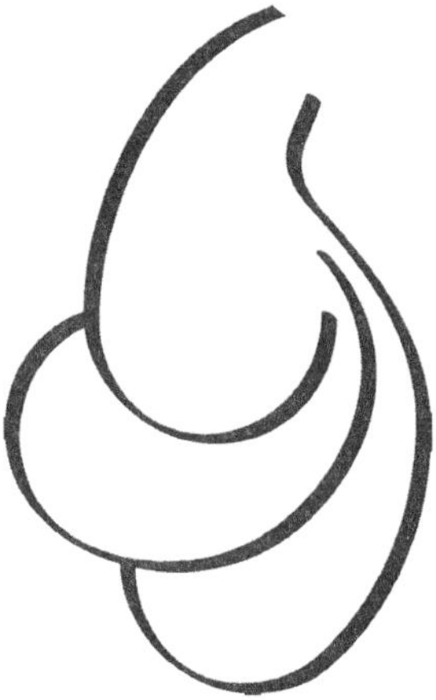

Das Prinzip
der Transformation.
Die transformierende Kraft
des Feuers.

ARAMÚ

ARAMÚ dreht ungünstige Energie- und Frequenzmuster aus und wandelt sie um. Dadurch werden die kreativen Kräfte der Neugestaltung frei.

Wenn du ARAMÚ vor dir in den Raum zeichnest (beginne mit der linken oberen Linie), symbolisierst du damit, dass du Transformationsvorgänge, welche Befreiung und neue Kraft bringen, in dein Leben einladest.

Die kraftvolle Spiegelung.
Die reine Strahlkraft
der Sonne.
Die reine Wahrheit.

7, Maduril

Das Mandala Maduril ist die Darstellung des archetypischen Bildes der Spiegelung und der Sonne.
Ein Spiegel zeigt uns, wie wir aussehen, und im übertragenen Sinn, wer wir sind. Wenn wir tatsächlich hineinblicken, erkennen wir uns darin selbst, so, wie wir tatsächlich sind.
Die Sonne durchdringt die Dunkelheit und erhellt. Sie macht sichtbar. Wir sehen alles, wie es ist. Das, was wir in der Dunkelheit verbergen konnten, tritt nun an die Oberfläche.
Damit haben die Sonne und der Spiegel eines gemeinsam: Wir erkennen durch ihr Wirken die Dinge und Gegebenheiten, wie sie wirklich sind – und dadurch, in der Reflexion darüber – uns selbst.

Die Spiegelung hat noch einen weiteren Aspekt: Sie stellt richtig. Das bedeutet, dass verkehrte Programme, die Fehlprogramme in der Matrix, korrigiert werden. Wenn wir uns in einem Spiegel sehen, so zeigt das Spiegelbild das, was links ist, auf der rechten Seite. Im übertragenen Sinn hat die Spiegelung auf uns die Wirkung, dass sie das, was wir in uns verdreht haben (z. B. einen Glaubenssatz, der unserer Entwicklung und unserer Entfaltung entgegenwirkt) an der richtigen Stelle zeigt, es an die richtige Position rückt. Es wird uns dadurch klar gemacht, wie es sein sollte. Dies ist eine archetypische Bedeutung, die der Mensch der Spiegelkraft zuordnet.

Die Sonne durchdringt die Dunkelheit und erhellt. Der Spiegel stellt dar, *was es zu erkennen gilt*.

Dies sind die archetypischen Bilder der Erkenntnis.

Ziel der Frequenzmuster, die durch das Mandala MADURIL dargestellt werden, ist die Klarheit über sich selbst, das Erkennen der Wahrheit über sich selbst, und die Korrektur „fehlerhafter" (verrückter) Programme in uns.

Wesentlich bei der Korrektur der Fehlprogramme ist eine wertfreie innere Haltung: Es macht keinen Sinn, wenn wir uns selbst dafür verurteilen, dass wir diese Programme in uns entstehen haben lassen. Es macht auch keinen Sinn, jene zu verurteilen, die uns dabei geholfen haben (Eltern, Lehrer, „Führer"...). Es macht aber immer Sinn, in die Erkenntnis einzutreten, wie es sein sollte – im Sinne von Lebensfreude und freudvoller Entfaltung. Durch dieses Erkennen beginnt Veränderung.

Praktische Anwendungen:

Innere Klarheit

Wenn uns ein Thema beschäftigt und in uns kreist, fehlt es uns an Klarheit. Dies kann dann sein, wenn wir eine Entscheidung zu treffen haben, oder wenn wir uns in einer ungewohnten Lebenssituation vorfinden, die wir nicht einordnen können. Dies kann aber auch sein, wenn wir einem anderen Menschen gegenüber etwas verheimlichen und darunter leiden.

Um Klarheit zu finden, hilft dir folgende Übung:
Schreibe auf ein Blatt Papier, worum es konkret geht. Schreibe darauf, was du eigentlich wissen möchtest, worüber du dir klar werden willst.
Schaffe dir eine ruhige Atmosphäre.
Lege das Blatt Papier ab und zeichne darüber das Symbol Kihn. Du symbolisierst damit, dass du zu diesem Thema Klarheit finden möchtest. Zeichne das Symbol von innen nach außen, im Uhrzeigersinn.
Lege das Mandala Maduril vor dich hin. Entlasse deine Gedanken und betrachte das Mandala.
Spüre, was sich in dir tut.
Spüre und betrachte, für zumindest 15 Minuten.
Nimm nun ein neues Blatt Papier und schreibe jetzt deine Gedanken zu diesem Thema auf.
Was hat sich verändert?
Darin liegt der Schlüssel für die Klärung deines Themas.

Kihn

Bei sich bleiben in schwierigen Situationen

Ein Maduril-Kristall hilft uns, in unserer eigenen Mitte zu bleiben.

Manchmal erleben wir, dass wir in bestimmten Situationen aus unserer eigenen Mitte fallen und uns entsprechend der Vorstellungsmuster anderer bewegen. Wir sind dann nicht wahrhaftig, nicht wir selbst.
Eine interessante Überlegung in diesem Zusammenhang besteht darin: Warum können wir in dieser Situation nicht so sein, wie wir sind? Warum erzeugen *wir* eine Unklarheit (auch hier macht es keinen Sinn, die Schuld für unser Befinden einem anderen zuzuschieben)?
Möglicherweise geht es hier um ein Thema in uns, das *an die Oberfläche* kommen will, das „ins Licht der Sonne“ treten will.
Empfehlenswert ist in diesem Zusammenhang eine Selbstbeobachtung. Hilfreich kann ein Kristall sein, den wir mit Maduril programmiert haben und den wir in solchen Situationen bewusst bei uns tragen.

Befreiung aus Fremdbestimmung

Der Mensch hat eine Fülle von Methoden erfunden, um andere Menschen gegen deren Willen zu manipulieren und zu kontrollieren. Im großen Stil finden wir diese Methoden in der Werbung, in der Politik, durch bewusste Verbreitung von Fehlinformationen über die Medien, sowie in diversen Propagandamaßnahmen religiöser und politischer Natur, welche Fanatismus erzeugen.
Im kleineren aber zumindest genauso heftigen Stil finden wir dies in vielen zwischen-

menschlichen Beziehungen, vor allem im familiären Bereich.
Die Methode ist stets dieselbe: Es werden unangenehme Emotionen erzeugt – Ängste und Schuldgefühle. Diese bringen uns aus unserer Mitte, entfernen uns von unserem Selbst und machen uns gefühllos für unseren eigenen Lebensplan.

Die folgende therapeutische Übung erreicht eine gänzliche Neutralisation und Transformation dieser Fremdbestimmungen und Manipulationen. Wir finden uns wieder in unserer eigenen Kraft ein. Es entsteht eine gänzliche innere Klarheit und innere Wahrheit. Wir finden zur Selbstbestimmung zurück, in unsere *Ich-bin-Präsenz.* Wir verwurzeln uns wieder mit der Urkraft der Mutter Erde.

Wir brauchen dazu sieben Bergkristallspitzen. Diese werden mit ACBAHUM gereinigt und anschließend mit MADURIL informiert.
Diese Bergkristalle werden mit der Spitze nach innen zeigend am Boden um einen Stuhl herum möglichst in einem regelmäßigen 7-Eck aufgelegt (siehe Grafik). Unter dem Stuhl befindet sich das Mandala MADURIL.
Derjenige, der sich innerlich klären möchte, setzt sich auf den Stuhl in die Mitte und nimmt das Mandala KORUUN zwischen seine beiden Hände. Er atmet bewusst und tief und sagt innerlich mehrfach
„Ich bin, ich bin, ich bin …“.

Der Therapeut begleitet den in der Mitte Sitzenden und zeichnet mehrfach mit der offenen Hand über ihn das *Codon zur Befreiung von Fremdbestimmung*. Er beginnt dabei mit Maan, zeichnet dann Luman und abschließend Ril. Bei allen drei Symbolen beginnt man das Zeichnen auf der linken Seite.
Diese Symbole können durch Bewusstseinsformeln begleitet und verstärkt werden. Der Therapeut spricht dabei während dem Zeichnen des Symbols die entsprechende Formel. Diese lauten:

Maan
Mit sicherer Kraft
in stabiler Gestalt

Luman
Spiralige Drehung
harmonisch und schön

Ril
Den Kurs korrigierend
auf offener See

Nach etwa 15 Minuten tritt der in der Mitte Sitzende aus dem Energiefeld heraus.

Ril

Luman

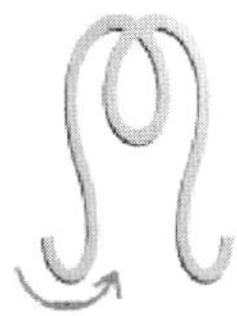
Maan

Codon zur Befreiung von Fremdbestimmungen

Die mythische Geschichte:
Als der Lichtträger die Spielarten der Macht und des Energiediebstahls in Velatropa installiert hatte und mit seinen Nicht-Licht-Manipulationen viele Anhänger gefunden hatte, ging er daran, einen Sternenmeister zum

Zweikampf zu stellen. Er wollte gleichsam die Kraft des Sternenmeisters Kinich Ahau *brechen. Er plante, aus einem seiner Planeten – dem Jupiter – einen eigenen Stern zu erschaffen. Ein Doppelsternsystem wollte er also kreieren, an einem kosmischen Ort, der noch lange nicht die nötige Reife dafür entwickelt hatte. Er würde so selbst zu einem Sternenmeister werden, so dachte er.*
Es hatten die Sternenmeister seinem Treiben bislang sehr wenig Beachtung geschenkt. Als er aber nun direkt das Wesen eines Sternenmeisters angriff, war es den Sternenmeistern gestattet, zu handeln. Der Lichtträger *wurde eine Zeit lang beobachtet. Es war klar, dass er den Planeten Jupiter zwar würde vergrößern können, genauso aber war klar, dass er nicht die Macht dazu hatte, diesen auch zu einem Stern zu erheben. Als er aber durch seine manipulierenden Eingriffe in das Sonnensystem den 3-dimensionalen Körper des Planeten Maldek zerstörte, war die Zeit gekommen, um seinem Treiben Einhalt zu gebieten.*

Dies war die Stunde des Sternenmeisters Kinich Ahau. *Er nutzte seine Fähigkeit, Position zu beziehen. Und er setzte die ihm eigene Energieform* Maduril *bewusst ein, aktivierte sie im vollen Ausmaß und ließ sie über das gesamte Sonnensystem erstrahlen.*
Es entstand so eine spiegelnde Fläche 11-dimensionaler Struktur in einer 7-strahligen Form. Und er richtete diese Fläche direkt auf den Lichtträger *aus, der gerade im Begriff*

stand, den Planeten Terra Gaia völlig in seine Gewalt zu bringen.
Und so erkannte der LICHTTRÄGER sich selbst, erstmals seit langer, langer Zeit. Er erwachte gleichsam aus seiner Selbsthypnose, in die er verfallen war. Er war vollkommen überwältigt von der Erkenntnis, dass es in diesem Universum eine Wesenheit gab, welche die seine überstrahlen konnte. Er war vollkommen gebannt.
Jene Strahlkraft, die aus der Energie von MADURIL stammt, unterbricht sofort jede manipulierende Tendenz. Denn dadurch, dass sämtliche Irrlichter plötzlich verblassen, ist es nicht mehr möglich, durch Täuschung und fehlleitende Informationen Energien von anderen Wesen zu entwenden. Denn nur Täuschungen können Ängste erzeugen und somit die Freiheit, die jedes kosmische Wesen in sich trägt, unterbinden. Nur unfreien Wesen (oder solchen, die irrtümlich meinen, nicht frei zu sein) kann Energie entzogen werden.
In dem Moment, als der LICHTTRÄGER sich seiner Ursprünglichkeit wieder bewusst wurde, war ihm klar, dass er sämtliche Einflussnahme in VELATROPA mit sofortiger Wirkung zurücklegen würde, solange, bis er die Einheit und Ganzheit in sich selbst wieder finden könnte. Es begann für ihn eine Art energetisches Exil. Ein freiwilliges Zurücklegen aller kosmischen Tätigkeiten.

Es war dies der Moment, in dem sich der zentrale Sternenmeister ALCYONE völlig entäußerte. Er brachte seinen feinstofflichen 3-dimen-

sionalen Sternenkörper zu einer gigantischen Explosion, die enorme Lichtmassen in VELATROPA *verströmte. Auf diese Weise gab er der gesamten Galaxie das Zeichen, dass hier der tiefste Punkt nun durchwandert worden sei. Das Zeichen der Umkehr in* VELATROPA. *Was bedeutete, dass es nun gelungen sei und nur noch eine Frage der Zeit sein würde, bis der Traum der Großen Galaktischen Mutter sich erfüllen würde – der Traum der galaktischen Bewusstseinserweiterung. Und der Sternenmeister* ALCYONE *trat hinter die 3-dimensionale Erscheinungsform zurück und wirkte von nun an in einer wesentlicheren Form, frei von den Gesetzmäßigkeiten der dichten kosmischen Gravitation.*
Allen, die in den großen Jubel und das freudige Fest des ALCYONE *einstimmten, war klar geworden, dass es noch ein weiter Weg sein würde, um die Auswirkungen der fehlgeleiteten Energien zu bereinigen. Ein weiter Weg, der wesentlich dazu dienen würde, weitere Erfahrungen und ein tiefgehendes Wissen über die kosmischen Zusammenhänge zu sammeln. Und so trat aus dem Bereich der Erzengelenergien* UMACHEEL *auf, der gemeinsam mit der* INTERSTELLAREN KONFÖDERATION *die Energieform* ENUIL *entwarf. Die erste Kraft, welche die Auswirkungen der Macht- und Manipulationsspiele zu bannen begann. Es war dies die Zeit des Aufbruchs. Eine neue Zeitqualität hatte begonnen. Und es würde sich im System des* KINICH AHAU *entscheiden, wie rasch die angestrebte Umwandlung vollzogen werden könne.*

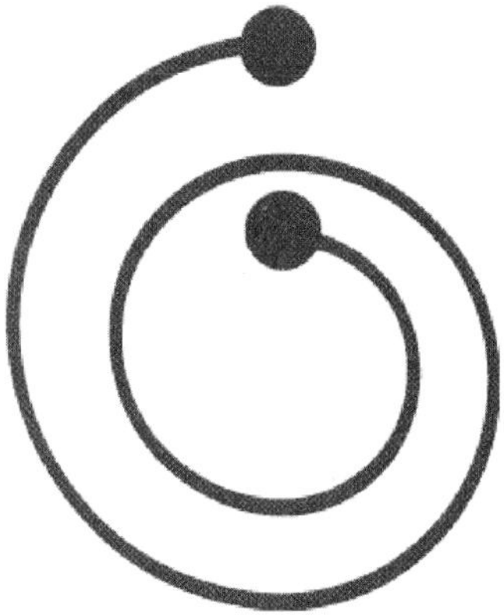

Die Wertfreiheit.
Die Verwirklichung der eigenen inneren Wahrheit.
Die Strahlkraft.

Kihn

Kihn fördert die Fähigkeit, unsere eigene innere Wahrheit an die Oberfläche zu bringen, sie auszustrahlen, und das zu verwirklichen, was uns selbst gänzlich entspricht.

Dies gelingt allerdings nur in einer inneren Haltung, die völlig frei von jeder Wertung bleibt. Denn jeder Versuch, sich selbst über jemanden zu erheben, sich selbst besser darzustellen, oder durch sein Tun absichtlich einen anderen Menschen zu entwerten, widerspricht der eigenen inneren Wahrheit.
Kihn deckt diese Spielarten des Egos auf und neutralisiert sie.
So entsteht eine freie Bahn für das, was sich tatsächlich verwirklichen will. Es entwickelt sich eine mächtige Strahlkraft, eine völlig klarer Ausstrahlung in uns.

Die Herzenswärme.
Im Einklang mit dem du.
Das Wir-sind.
Harmonisierung.

8, Kordulah

Das Mandala Kordulah ist ein archetypisches Bild für die Herzenswärme und die Liebesenergie. Wir begreifen diese liebevollen Energiemuster als jene Kraft, die unsere individuelle Existenz zu großen komplexen Bewusstseinskollektiven verbindet. Ohne diese Kraft wäre das Universum kalt, leer und bald völlig leblos. Durch die Wärme dieser Kraft aber entsteht Verbundenheit und die Fähigkeit zur Weiterentwicklung. Denn in dieser Verbundenheit sind wir großartige Schöpferwesen.
Über die Herzenswärme begreifen wir, dass wir kollektive Wesen sind. Durch das allgemeine Begreifen dieser Verbundenheit wird ein nachhaltiger Weltfriede möglich sein.

Das bedeutsame Bild der Verbundenheit drückt das Mandala Kordulah über seine

Grundform, die so genannte „Vesica Piscis", aus. Diese besteht aus zwei gleichgroßen Kreisen, wobei die Mittelpunkte beider Kreise jeweils auf der Kreislinie des anderen Kreises liegen. Die Vesica Piscis ist ein archetypisches Symbol und ein Element der „Heiligen Geometrie". Wir finden es sowohl in Ägypten, als auch in Indien und in keltischen Kulturen.
Die in der Tiefe liegende Bedeutung dieses Symbols ist *die Verbindung* von dualen, polaren Gegebenheiten (wie männliche und weibliche Kraft) in einer harmonischen Form. Durch diese Verbindung, die über die Herzenswärme geschieht, entsteht eine wesentliche Erweiterung.

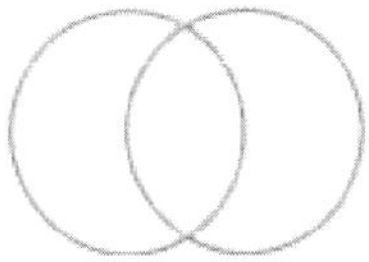

Vesica Piscis

Praktische Anwendungen:

Die Liebesenergie aktivieren

Wenn zwei Menschen die Liebesenergien zueinander ins Fließen bringen wollen, oder wenn es darum geht, die Liebe wieder neu zu beleben, empfehlen wir die folgende Übung, mit der wir wunderbare Erfahrungen machen konnten.
Beide Partner setzen sich einander gegenüber und schauen einander in die Augen.
Einer der beiden nimmt das Mandala KORDULAH zwischen seine beiden Hände, bis er die Frequenzmuster des Mandalas als Wärme oder als Kribbeln spürt.
Nun legt er das Mandala ab und zeichnet mit seiner offenen Hand das Symbol AHN über das Herzchakra des anderen, acht mal.

AHN

Er sagt dabei:
„Ich achte dich und liebe dich, genauso wie du bist."
Danach macht der zweite Partner dasselbe. Diese Übung verbindet die beiden Partner zu einer neuen großen Einheit.

Dieser Satz „*...genauso wie du bist...*" ist der wesentliche Teil der Übung. Falls es dir nicht gelingt, dies wahrhaftig zu sagen, weil dich dieses oder jenes an deinem Partner stört, so empfehlen wir dir die „Übung für den Weg zum kosmischen Menschen" (Seite 23). Denn das, was dich am anderen stört, löst *in dir* eine Resonanz aus, die dir zeigt, welches Thema in dir erlöst werden will. Solange es unerlöst bleibt, kann die Partnerschaft nicht vollständig harmonisiert werden.
Gelingt es dir aber, genau diesen Punkt zu transformieren, wirst du eine neue Liebesfähigkeit in dir entdecken.

Der Liebeskristall

Besonders dann, wenn zwei Partner über eine längere Zeit hinweg voneinander getrennt sind, können sie zwei „Liebeskristalle" programmieren. Es besteht die Möglichkeit, durch diese Kristalle über die Distanz hinweg miteinander zu kommunizieren.
Reinige beide Kristalle mit ACBAHUM und lege sie dann auf das Mandala KORDULAH, sodass sie einander berühren.
Zeichne nun über diese Kristalle das Symbol AHN mehrmals. Stell dir dabei vor, wie zwi-

schen den beiden Kristallen eine Verbindung in Form von liebevollen „Lichtfäden“ entsteht. Dies ist ein Sinnbild für die Verbindung zwischen deinem Partner und dir.

Die Beziehung zum Partner harmonisieren

Wenn wir mit unserem Partner (Liebespartner, aber auch Geschäftspartner, Arbeitskollege oder Elternteil) eine dissonante Spannung aufgebaut haben, so können wir diese mit der folgenden Übung abbauen. Es ist dabei ganz wesentlich, dass wir begreifen, dass es nicht darum geht, den anderen zu verändern, sondern darum, die Dissonanz, die in der Beziehung zum Partner *in mir selbst* liegt, aufzulösen. Wie mein Partner mit dieser energetischen Veränderung umgehen wird, sollte gänzlich offen gelassen werden. Spüren wird er dies jedenfalls, selbst wenn er nichts von deiner Übung weiß.

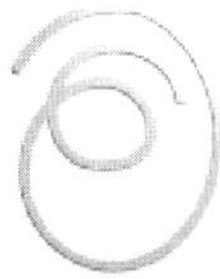

ELIM

KORDULAH

Dies ist eine Übung über die Ferne, der Partner befindet sich nicht im selben Raum.

Öffne den Raum vor dir mit ELIM.
Denke an deinen Partner und lade sein Energiefeld ein.
Nimm das Mandala KORDULAH zwischen deine Hände, bis du die Energiemuster spürst.
Zeichne nun das Symbol AHN zwischen dir selbst und dem Energiefeld des Partners ein.
Stell dir vor, wie das, was dich mit ihm verbindet, harmonisiert wird, damit dein Herz wieder reine Liebesenergie an deinen Partner ausstrahlen kann.

AHN

OOM

Stabilisiere die Wirkung, indem du Oom in den Raum vor dir zeichnest.

Karmische Verflechtungen auflösen

Wir sprechen von einer karmischen Verflechtung immer dann, wenn die sich dissonante Spannung zwischen einem Menschen und dir sehr vehement aufgebaut hat. Wir begreifen Karma dabei keinesfalls als „Gesetz von Schuld und Sühne", da die Schuld nach unserer Erkenntnis ein Fehlprogramm darstellt. Karma begreifen wir als Spiel, in dem sich Menschen gegenseitig vehement an Themen erinnern. Der andere spiegelt dir genau jene Themen, die in dir selbst bereinigt werden wollen. Dies können durchaus Auswirkungen von vergangenen Leben sein, können aber genauso gut im aktuellen Leben ihre Wurzeln haben.

Auch bei dieser Übung arbeitest du über die Ferne, dein „karmischer Verflechtungspartner" befindet sich nicht im selben Raum.
Lege vor dir die beiden Mandalas Enuil und Kordulah auf.
Zeichne das Symbol Elim vor dir in den Raum und lade deinen Verflechtungspartner ein, energetisch anwesend zu sein. Versuche ihn zu spüren, zu hören, zu riechen.
Was löst das in dir aus?
Wenn du alle Schuldzuweisungen, die du ihm gegenüber hegst, einmal beiseite lässt: Welches Thema findest du in dir? Was erzeugt die Resonanz *in dir*? Was spiegelt er dir? Auch

Elim

dies ist keinesfalls mit Schuld zu belasten. Es ist in dir ein Thema vorhanden, und das ist weder gut noch schlecht.
Schreibe das Thema, das in dir ist, auf ein Blatt Papier.
Rolle es zusammen und lege die Rolle (z. B. mit einem Band umbunden) auf das Mandala Enuil. Stell dir vor, wie sich all dies aus dir herauslöst und wie sich die gebundenen Energien in dir befreien, wie mit Hilfe von Enuil die Transformation stattfindet.

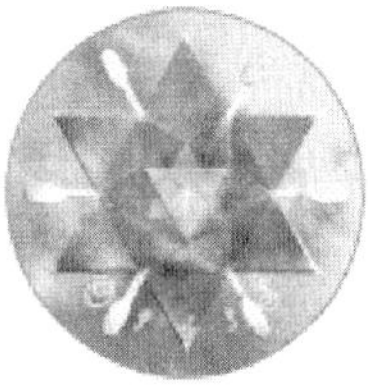

Enuil

Nun wende dich wieder deinem Verflechtungspartner zu.
Hat sich etwas verändert?
Nimm das Mandala Kordulah in deine Hände, bis du die Energiemuster in deinen Händen spürst.

Kordulah

Zeichne nun das Symbol Ahn zwischen dir und dem Energiefeld des anderen in den Raum. Stell dir vor, wie Harmonisierung stattfindet. Stell dir vor, wie eine unendliche Herzenskraft die karmische Verflechtung auflöst, Schritt für Schritt.
Lass dieses Bild auf dich wirken.
Zeichne zum Abschluss Oom in den Raum.

Ahn

Verlasse nun diesen Platz, setze dich bewusst auf einen anderen Stuhl und nimm das Mandala Koruun zwischen deine beiden Hände. Sage innerlich mehrmals *„Ich bin, ich bin, ich bin ... “*.

Oom

Auch bei diesem Ritual geht es nicht darum, den anderen zu verändern, sondern darum, deine eigene Verflochtenheit aufzulösen. Was der andere daraus macht, sollte von deiner Seite unbedingt gänzlich frei gelassen werden.

Die mythische Geschichte:
Die Geschichte der kosmischen Völker in VELATROPA begann zumeist damit, dass das Volk sich in einen Einklang mit seinem Sternenmeister begab und von diesem erfuhr, wie die Entwicklung dieses Sternensystems voranzutreiben wäre. Zumeist ging es dabei darum, eine Harmonisierung der Planetenbahnen zueinander zu erreichen. Und das kosmische Volk hatte sowohl die Fähigkeit, als auch den Auftrag dazu.
Die einzelnen Planeten wurden nach und nach besiedelt. Und es ereignete sich so eine jeweilige Verwurzelung der Individualseelen des Volkes mit dem entsprechenden Planeten. Die Inkarnation in einen 3-dimensionalen Körper stellt die stärkste Verbindung eines Wesens mit dem Planeten dar. Und dadurch, dass die einzelnen Planetenkolonien zueinander ihre Verbindung aufrecht erhielten und einen stetigen energetischen Austausch pflegten, konnten die Planetenschwingungen in eine vollkommene Harmonie zueinander gebracht werden.
Daraufhin erklang in vielen Sternensystemen von VELATROPA der harmonisierte Akkord der Sternenmeister. Die erste Aufgabe in der geplanten Evolution in VELATROPA war vielen der Völker bald gelungen.

Und die Aufgaben erstreckten sich nun auf ein weit reichendes Feld, auf eine interstellare Vernetzung der kosmischen Völker. Diese richteten ihren Blick nach und nach auf ihr kosmisches Umfeld. Und die kosmischen Völker traten zueinander in Verbindung. Sie förderten durch ihren Wissensaustausch eine gemeinsame Entwicklung.

Es wurde die INTERSTELLARE KONFÖDERATION *ins Leben gerufen, um einen stetigen Informationsaustausch untereinander zu installieren. Auch, um die Entwicklung aller Völker nach und nach auf ein gewisses Niveau zu heben. Und um den* LICHTTRÄGER, *der sich selbst entfremdet und in isolierte Einzelwesen geteilt hatte, wieder zu seiner ursprünglichen Einheit zurückzuführen. Insbesondere auch deshalb, um die Auswirkungen dieser Isolationen zu bannen und letztendlich zu transformieren.*

Die INTERSTELLARE KONFÖDERATION *wandte sich an die Ebene der Erzengelenergien, um von dort Unterstützung für die laufenden Transformationsprozesse zu erhalten. Und weiters mit dem Ziel, das sehr zentrale Projekt von* VELATROPA *24, das Projekt des Sternenmeisters Kinich Ahau, erfolgreich abschließen zu können. Denn hier würde es zu einem entscheidenden Wendepunkt in der Evolutionsgeschichte von* VELATROPA *kommen können. Einem Quantensprung, der wesentlich rascher stattfinden könnte, als allgemein erwartet.*

Und die Ebene der Erzengelenergien delegierte diese Anfrage der INTERSTELLAREN KONFÖ-

DERATION an Wesenheiten, die den kosmischen Völkern bisher noch nicht bekannt gewesen waren, an die „FREIEN GEISTWESEN" oder „SCHÖPFERSEELEN", wie sie von nun an genannt wurden. Diese Wesenheiten sind in ihrem Seelencode an keinen Sternmeister gebunden. Sie tragen einzig die Information der Galaktischen Mutter SCHAMAJAHUM in sich. Und sie sind direkt mit der göttlichen Quelle verbunden. Sie tragen eine 13-dimensionale Energieform, können nach Belieben auftreten und auch wieder eingehen in den reinen Geist, und aus der galaktischen Existenz wieder entschwinden. Und sie wirken als mächtige Impuls gebende Kräfte, die wesentliche Entwicklungssprünge auslösen.

Eine dieser Wesenheiten ist auf unserem Planeten als CHRISTOS bekannt. Er inkarnierte direkt in einen menschlichen Körper und in eine menschliche Seele. Da er selbst niemals zuvor ein Menschenleben gelebt hatte, war er frei von jeder karmischen Ladung. Und sein Auftrag war es, all jene kristallinen Strukturen, die den gesamten VELATROPA-Sektor durchziehen, die das kristalline Gitternetz des Planeten erzeugen, und die vor allem die organischen Körper aller Menschen umgeben, zu aktivieren. Er war es, der ursprünglich in der Entstehungsphase von VELATROPA diese kristallinen Strukturen installiert hatte. Es war dies eine hintergründige, für die meisten nicht sichtbare Aktivität gewesen. Und er hatte in all diese Kristallgitter einen lichtvollen Samen gesetzt, der bislang geschlummert hatte und nun zur Gänze ins Leben gerufen wurde.

Ein Same von hochdimensionaler Wirksamkeit, das CHRISTOS-Licht.
Die kosmischen Völker erlebten dieses Licht in einer Form, die durch die Mandala-Energie KORDULAH dargestellt werden kann. Diese aktiviert, wenn sie zur Wirksamkeit gebracht wird, das kosmische Herz der 8. Dimension. Es kommt dadurch zu einer Ent-Individualisierung der kosmischen Individualseele. Dies bedeutet, dass es möglich wird, sich aus der Ebene des freien Willens zu entheben, sich multidimensional zu erweitern, und sich dadurch schrittweise in den Willen der göttlichen Quelle, von Vater-Mutter-Gott, von ELSHADDAI SHIKAINA, einzubegeben. Dies ereignet sich für die kosmischen Individualseelen nur für gewisse Zeitabschnitte und nur im völligen Einverständnis dieser Seele. Und sie nehmen während dieser Zeit alles mit einem galaktischen Emotionalkörper – mit dem kosmischen Herz – wahr. Es entsteht dadurch eine völlig wertfreie Gesamtschau. ES IST SO WIE ES IST – dies ist die einzig mögliche Beschreibung in diesem Seinszustand.
In seltenen Fällen allerdings gingen Wesenheiten der kosmischen Völker in eine völlige Verschmelzung mit einem Freien Geistwesen ein. Diese enthoben sich ihrer Individualität dauerhaft und waren fortan stetige Impulsgeber für die göttliche Quelle. Diese Vorgänge werden sich allerdings in nächster Zeit auf unserem Planeten wiederholt ereignen.
Eine weitere Wirksamkeit von KORDULAH findet dadurch statt, dass eine völlige Harmoni-

sierung eintritt. Es erklingt in uns Menschen der eigentliche Akkord unserer Sonne, des Sternenmeisters KINICH AHAU. *Demnach erklingt um uns der eigentliche Ton unseres kosmischen Herzens, der jede kristalline Form in uns in jene Schwingung versetzt, die ihr zu Eigen ist. So entsteht eine Harmonie im vollendeten Sinn.*

Und es gelangt jede karmische Ladung in einen völligen Ausgleich. Die Bildformen solch erlöster karmischer Ladungen erhalten eine Kraft, die bewusst genutzt werden kann. Eine reizvolle Kraft, die häufig eine strukturauflösende Wirksamkeit in sich trägt.

*Die Aktivierung der
Herzenswärme.
Der Einklang.*

Ahn

Ahn symbolisiert eine Klangform und ein Bewegungsmuster, das uns an die Herzenswärme und an die Verbundenheit mit den großen Bewusstseinskollektiven erinnert.

Durch das Zeichnen dieses Symbols können wir in einen herzlichen Einklang mit unserem Partner eintreten, wenn wir es uns gegenseitig über das Herzchakra zeichnen.

Zeichne Ahn, indem du am linken Linienende beginnst und zum Abschluss den Kreis ziehst.

Das Prinzip des Wassers.
Wandelbarkeit und Fließen.
Belebung.

9, Nabudah

Wenn ein Fluss an ein Hindernis kommt, das ihm den Weg versperrt, umgeht er es mit Leichtigkeit. Er trägt in seinem Wesen die grundlegende Fähigkeit der *Wandelbarkeit* – er kann sich jederzeit auf jede Situation einstellen, sich an diese anpassen, ohne jedoch sein Ziel aus den Augen zu verlieren.

Die Wandelbarkeit des Wassers drückt sich über seine bevorzugte Bewegungsform, die Mäanderbewegung aus. Jede strikte Geradlinigkeit widerspricht seinem Wesen.

Eine gerade Linie ist grundlegend unflexibel. Der „gerade Weg" kann gebrochen werden oder bricht selbst, indem er sich nicht auf die Gegebenheiten einstimmt und dadurch störend wirkt. Die natürliche fließende Wegform hingegen findet sich in die Gegebenheiten des Umfeldes harmonisch ein, steht in einer innigen Verbindung mit allem, was sie umgibt und

ist dadurch äußeren Störungen stets gewachsen.
Das Mandala NABUDAH stellt in archetypischer Form das *Element Wasser* dar. Es stellt die Wandelungsbereitschaft dar und die Fähigkeit, sich auf gegebene Lebensumstände einzustellen, um das bestmögliche daraus zu machen.

Praktische Anwendungen:

Blockaden auflösen
Im Laufe eines jeden Entwicklungsprozesses können Blockaden auftreten („Es geht nichts mehr weiter"). Wir meinen damit sowohl persönliche Entwicklungsphasen (Schulanfang, Pubertät, Berufsleben, Partnerschaft), als auch die Entwicklung eines Geschäftes, einer Praxis oder eines Projektes.
Eine auftretende Blockade zeigt uns an, dass es um eine Veränderung der bisherigen Gangart geht. Wir sind aufgefordert, uns an die Gegebenheiten anzupassen, und uns an unsere eigentliche, zugrunde liegende Ausrichtung zu erinnern.

Übung:
Beschreibe die Blockade, die dich im Moment beschäftigt.
Worin besteht die Hemmung, wodurch drückt sie sich aus?
Lege vor dir das Mandala NABUDAH auf. Stell dir vor, wie die Frequenzmuster des Fließens auf deine Gedanken übergehen. Stelle dir die

frische, belebende Kraft des Wassers vor. Trinke ein paar Schluck guten, klaren Wassers. Zeichne vor dir das Symbol OHN mehrfach in den Raum.

OHN

Stelle dir nun folgende Frage:
„Was ist mein eigentliches, zugrunde liegendes Ziel?"
Inwiefern steht das, was du gerade tust, im Einklang mit deinem Ziel?
Was gilt es zu verändern, um dieses Ziel zu erreichen?
Oder geht es darum, dass die Vorstellungen von deinen Zielen neu auszurichten wären?
Geht es darum, die Vorstellung, was und wie du zu sein hättest, aufzulösen und neu zu formulieren?

Wir selbst sind die Schöpfer unserer Ziele und Ausrichtungen. Wir können sie jederzeit verändern. Das Wesentliche bleibt aber der Weg selbst. Und vor allem, *wie* wir den Weg gehen. Je freudvoller dies ist, umso eher wird es deinem Lebensplan entsprechen.

Loslassen

Unser Leben stellt uns immer wieder vor die Aufgabe, etwas loszulassen – einen Job, einen Partner, unsere Kinder oder unsere Vorstellungen. Dies sind gänzlich natürliche Prozesse, die es immer geben wird, da das Leben aus Wandlung und Veränderung besteht. Ein Leben ohne Veränderungen wäre zutiefst langweilig und leblos.

Da wir aber auf das Erhalten von Umständen programmiert sind, fallen uns diese Prozesse häufig schwer.

Dazu folgende Übung:
Wesentlich in einem Loslassungsprozess ist das Akzeptieren, dass sich in unserem Leben etwas konkret verändern möchte. Das Bejahen der Veränderung und das damit verbundene Bejahen des Loslassens ist der erste Schritt.
Was gilt es konkret loszulassen in deinem Leben, jetzt?
Lege das Mandala NABUDAH vor dir auf. Lasse alles, was es loszulassen gilt, in die Frequenzmuster des Mandalas einfließen.
Nimm die erfrischende Kraft des Wassers in dich auf, spüre sie und rieche sie.
Es wird der anstehende Loslassensprozess dadurch erleichtert. Befreiung findet statt. Neue Freude tritt in dein Leben ein.

Auch wenn du ein hohes Körpergewicht hast, kann dies daran liegen, dass du Dinge und Gegebenheiten nicht loslassen kannst. Als sinnvoller Zusatz zu der oben beschriebenen Übung wäre, dass du all jene Dinge (Objekte wie Kleider, alte Briefe, Zeitschriften usw.), die du nicht mehr benötigst, entsorgst. Dadurch kann eine derart unendliche Befreiung in dir stattfinden! Dies kann sehr deutliche Auswirkungen auf dein Körpergewicht haben.

Geldfluss

Geld sollte stets als fließende Kraft verstanden werden. Geld fließt uns zu und will von uns umgesetzt werden. Wir sollten es uns gestatten, dass es uns zufließt. Genau so sollten wir es uns gestatten, dass wir es auch wieder ausgeben. Alles andere macht nicht wirklich Sinn.

Du kannst deine Geldbörse, deine Kreditkarte, deine Kontoauszüge und alles, was mit deinem Geldfluss zu tun hat, für ein paar Minuten auf das Mandala Nabudah stellen. Du symbolisierst damit eine Aktivierung und Belebung deines Geldflusses. Du stellst damit symbolisch dar, dass du bereit dafür bist, dass sich dir neue, bisher noch unbekannte Geldquellen eröffnen.

Wasseraufbereitung

Nachdem Nabudah das archetypische Wasserbild darstellt, kann dieses Mandala zur Aufbereitung des Trinkwassers verwendet werden.

Stelle dazu ein Glas Wasser für zumindest 7 Minuten (oder länger) auf das Mandala und stell dir vor, wie die Informationsmuster von Nabudah, besonders die Wandlungsbereitschaft und die belebende Frische, auf das Wasser übergehen. Das Wasser verändert sich dadurch deutlich wahrnehmbar im Geschmack.

Eine weitere Wasseraufbereitung kann über einen programmierten Nabudah-Kristall stattfinden. Lege einen mit Acbahum gereinigten

Kristall auf das Mandala NABUDAH und gebe diesen in einen Wasserkrug. Du kannst diesen Kristall für längere Zeit (2 bis 3 Wochen) in diesem Wasserkrug belassen, solltest ihn aber dann für ein paar Tage herausnehmen und auf dem Mandala ACBAHUM ausruhen lassen.

Die mythische Geschichte:

Als der Sternenmeister ALCYONE den Zentralstern des VELATROPA-Sektors erschaffen hatte, entfaltete sich ein neuer Raum und ein neues Zeitgefüge, so wie es in der Vision der Großen Galaktischen Mutter vorgesehen gewesen war. Und es durchzog diesen Raum gleichzeitig eine Fülle von kristallinen Strukturen. Ein hochdimensionales Gefüge kristalliner Netze, die mit den Adern und Blutbahnen des menschlichen Körpers vergleichbar sind. Dieses kristalline Netzwerk entfaltete sich gleichzeitig mit dem neuen kosmischen Raum. Und alles wurde mit einer Fülle von Lichtsamen befruchtet, jenem CHRISTOS-Licht, das diesen Strukturen das innere Leuchten gab.

In die Adern dieses kosmischen Netzes wurde ein Fluidum eingebracht, das aus der kosmischen Wasserenergie entstammt. Jenes Fluidum, das besonders den Delfinseelen bekannt ist und von ihnen als Wegnetz für kosmische Reisen genutzt wird. Auch hier war ein Freier Geist aus der höchsten Dimension tätig, der dies im Hintergrund vollbrachte, ohne dabei in Erscheinung zu treten. Er kann mit dem Namen ANAN gerufen werden. Und er nutzte die Energieform des kosmischen

Wasserprinzips Nabudah. Anan gab den primären Impuls und Nabudah gebar jenes Fluidum, das in die Adern der kristallinen Netze von Velatropa eingebracht wurde. Jenes Fluidum, das sämtliche Eigenschaften von Nabudah in sich trägt und über deren Mandalastruktur aktiviert werden kann.
So gibt Nabudah den kristallinen Netzen die Lebendigkeit. Es durchströmt diese und stellt das Speichermedium dar, das alles beinhaltet, was an Wissen in diese Netze eingebracht wurde. Ähnlich dem Wasser, dem vielfältigen Speichermedium auf Terra Gaia.
Der visionäre Traum der Großen Galaktischen Mutter, die den Plan und den Verlauf aller möglichen Ereignisse für Velatropa ersonnen hatte, wurde im kristallinen Netz eingespeichert und somit festgeschrieben. Dies bildete die Grundlage des so gespeicherten Wissens. Und Nabudah erschuf in den Adern des Netzes auskristallisierte Formen, die dieses Wissen darstellten. Es sind dies kristalline Dreiecksformen 9-dimensionaler Struktur. Danach brachten Hunab Ku, die Zentralsonne der Galaxie, sowie die Zentralsonnen jener galaktischen Bezirke, die Velatropa umgeben, ihr Wissen in die neu entstandenen kristallinen Netze ein. So wurde dieses Netz mit all den bereits bestehenden Netzen verbunden. Und es wurde jenen Sternenmeistern bald klar, dass dieser neue kosmische Bezirk von Velatropa für die evolutionäre Entwicklung der Galaxie von einer wesentlichen Bedeutung sein werde. Auch mit diesem Wissen schuf Nabudah eine auskristallisierte Form in den

Adern des Netzes, die sich als 9-dimensionaler Kreis darstellte.
Beide auskristallisierten Formen erzeugten somit die Hülle und die eigentliche Strukturform der kristallinen Netze VELATROPAS. *Diese wurden nun mit einer stetig pulsierenden flüssigen Energieform* NABUDAHS *durchströmt. Es ist dies jener Teil der kristallinen Adern, der stets in einer Wandelbarkeit verbleibt. Alles, was sich in* VELATROPA *ereignet, wird darin abgespeichert. Jede konkrete Möglichkeit, die sich aus der Fülle aller potentiellen Möglichkeiten verwirklicht, wird in das fließende Wissen* NABUDAHS *aufgenommen und an den gesamten* VELATROPA*-Sektor, sowie über die Verbindung zu den Zentralsternen an die anderen galaktischen Bezirke als aktuelles Wissen weitergeleitet.*

Wenn nun eine kristalline Struktur dieses Netzes angeklungen und somit in Schwingung gebracht wird, können über die Kraft NABUDAHS *das Wissen über die aktuelle kosmische Situation, sowie der zugrunde liegende kosmische Plan wahrgenommen werden. Gleichzeitig fördert* NABUDAH *in uns jede Form der Wandelbarkeit. Jede Strukturform, die Bestehendes unnötiger Weise aufrechterhalten möchte, erfährt allerdings eine Auflösungstendenz. Denn nur die Wandelbarkeit lässt Entwicklung geschehen. Jede Wesenheit wird so über die Kraft von* NABUDAH *in ein kosmisches Fließen eingebracht, das im Einklang mit der Gesamtheit steht.*

OHN

Die Mäanderbewegung
Die Lebendigkeit.
Das Fließen.

Die Mäanderbewegung liegt jedem Wasserlauf zugrunde. Sie ist nicht vorherbestimmbar; sie drückt sich durch eine ständige Wandelbarkeit aus. Stets darauf bedacht, auf die Energien des Umfeldes zu antworten, mit jenem Urwissen, das dem Wasser seit jeher zu Eigen ist.

Das Symbol OHN stellt diese Mäanderbewegung dar und bewirkt Erfrischung und Belebung. Zeichne es von unten nach oben, denn dieser Bewegungslauf entspricht der erfrischenden Lebendigkeit.

Der Lebensplan:
Öffne dich
den vollkommenen Bewe-
gungen
deines Seins.
Es ist, wie es sein soll.

10, EFATA

Wir sehen den Lebensplan als Programm der vollkommenen Urmatrix. Es beinhaltet die Fülle unserer Fähigkeiten und Möglichkeiten. Kollektive wie auch individuelle Krisensituationen deuten an und verdeutlichen, dass wir uns von unserem tatsächlichen Lebensplan sehr weit entfernt haben.
Dass es sich in einem „gottgewollten Leben" um Entbehrung, Mühsal und Leid handeln müsse, ist nach unseren Erkenntnissen ein glattes Fehlprogramm, ein Fehler in der Matrix, den es zu korrigieren gilt. Das Programm des Lebensplanes erkennen wir als sinnliches Erlebnis voller Lebensfreude, das der Erweiterung und Verfeinerung des persönlichen und des kollektiven Bewusstseins dient.

Das Mandala EFATA stellt das archetypische Bild der Rückbesinnung auf sein tatsächliches Selbst dar. Es hilft uns bei der Erinnerung an unseren tatsächlichen Lebensplan, so wie er in der Urmatrix angelegt ist.

Praktische Anwendungen:

Krisenbewältigung

Die folgende Übung kann sowohl für sich selbst, als auch therapeutisch bei einem Klienten angewendet werden.
Es geht im ersten Schritt um die Auflösung von Schockzuständen und um die Harmonisierung der inneren Unruhe, die mit einer aktuellen Krisensituation im Zusammenhang steht.
Im zweiten Schritt geht es um eine Neuorientierung und darum, sich wieder zu zentrieren.

Die Übung:
Benenne die Krisensituation, in der du dich gerade befindest. Betrachte sie in dir, ohne die Umstände zu bewerten.
Beachte dabei, dass nicht du selbst die Krisensituation bist. Begreife die Krise als Situation deines Lebens, die du dir selbst – bewusst oder unbewusst – erschaffen hast. Du hast sie zwar erschaffen, bist sie aber nicht.

Alles, was du dir erschaffen hast, kannst du aus der Wirksamkeit wieder entbinden.
Stelle dir die Krisensituation als ein Programm vor, das ganz klare Grenzen hat. Über dieses Programm zeichne nun mit der offenen Hand die drei Symbole des Codons „Schockauflösung und Zielfindung“, von unten nach oben

(siehe Abbildung). Zeichne dieses Codon dreimal.
Damit neutralisierst du die Wirkung jenes Programms, das die Krisensituation erzeugt hat. Das Codon löst die inneren, seelischen Erschütterungen auf, lädt alle hilfreichen Kräfte ein und eröffnet den Zugang zu neuen Wegen, die dir gänzlich entsprechen.

Spüre in dich hinein.
Spürst du eine Erleichterung?

Verwende nun das Mandala Efata. Das Wort „Efata“ kommt aus dem Aramäischen und bedeutet „Öffne dich dem göttlichen Fließen“, oder in moderneren Worten ausgedrückt: „Öffne dich der Urmatrix deines Lebensplanes“.
Wenn du dich meditativ auf das Bild von Efata einlässt, beginnt es dich zu zentrieren.
Es führt dich zu dir selbst wieder zurück, an jenen Ort, an dem deine Lebensfreude wohnt.

Lege das Mandala vor dir auf.
Betrachte es und entlasse alle Gedanken.
Sag als Affirmation:

„Ich bin.
Ich bin eins
mit der Urquelle meiner Kraft!“

Stell dir vor, wie die Mandalafrequenzen dich in deine eigene Mitte hineinziehen.

Charion

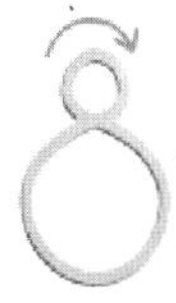

Kler

Ulun

Das Codon
„Schockauflösung und Zielfindung“

Zeichne Ulun links beginnend, Kler und Charion oben beginnend und im Uhrzeigersinn drehend.

LUN

Meditation zur Selbstzentrierung

Wenn wir davon ausgehen, dass wir in uns einen vollkommenen Lebensplan in Form einer Urmatrix tragen, dann können wir uns daran auch erinnern.

Der Lebensplan bezieht sich auf die Fülle unserer Fähigkeiten, die wir als Mitglied des kollektiven Bewusstseins Mensch zur Entfaltung bringen können.

Du kannst mit dem Mandala EFATA meditieren und dabei die Frage nach dem nächsten Schritt deines Lebensplanes stellen.

Zeichne das Symbol LUN ein paar Mal vor dich in den Raum.

Was spürst du, wenn du in einer meditativen Haltung an das Wort Lebensplan denkst?

Die mythische Geschichte:

Bevor VELATROPA erschaffen wurde, versank der Sternenmeister ALCYONE in eine tiefe visionäre Meditation mit der großen Galaktischen Mutter. Und es war diese Meditation, welche die räumlichen und zeitlichen Bedingungen des neuen kosmischen Sektors kreieren sollte. Denn die dimensionalen und die zeitlich-chronologischen Bedingungen obliegen stets der Verantwortung des zentralen Sternenmeisters. Die Rahmenbedingungen für jenes komplexe und grandiose Geflecht aus energetischen Linien, welche den 13-dimensionalen Zeit-Raum gestalten.

Und es entspricht dem Wesen der Zeit, spiralförmige und zyklisch wiederkehrende For-

men auszubilden. Es sollten speziell in diesem Sektor Bedingungen geschaffen werden, welche ähnliche Zeitqualitäten immer wiederkehren lassen würden. Ein wunderbares Kunstwerk aus Wiederholungen in jeweils veränderter Gestalt. Die bestmöglichen Bedingungen für außerordentliche Entfaltungsmöglichkeiten und Entwicklungen.
Und es sollten die Zeitspiralen immer wieder auf Verengungen zulaufen, auf tunnelartige Verjüngungen der Zyklen, welche jeweils eine wesentlich raschere Wiederholungsfrequenz erzeugen würden. Diese speziellen Zeitabschnitte würden eine besondere Prägung erfahren. Eine extreme Sogwirkung, über die alle in diesem Umfeld lebenden kosmischen Wesen und Völker enorme Möglichkeiten für sprungartige Entwicklungen haben sollten. Wenn die Zeitabläufe in dieser besonderen Form gestaltet wären, entstünden starke und wirkungsvolle Beschleuniger. Der Ablauf der galaktischen Evolution könnte ungeahnte Erfolge bringen. Und die schlussendlich in der visionären Meditation erträumte Bewusstseinserweiterung der gesamten Galaxie.
Es war nun die Aufgabe des Sternenmeisters ALCYONE, diese Zeitgestaltung an die Spiralbewegung der Galaxie bestmöglich anzupassen. Und es wurden die tunnelförmigen Verjüngungen der Zeitspiralen derart gesetzt, dass ALCYONE im Einklang mit der gesamtgalaktischen Zentralsonne HUNAB KU und mit anderen mächtigen Sternenmeistern die Mitte der Zeittunnel jeweils bestmöglich nutzen würde. Es würden die jeweils engsten Punkte

der Zeittunnel sich genau dann verwirklichen, wenn die auserwählten Sternenmeister mit ALCYONE gemeinsam einen kosmischen Gesang in völligem Gleichklang ertönen ließen. Wenn sie gleichsam in einer Linie stünden und so ihre Kraft fokussiert hätten. Der bestmögliche Moment eines kosmischen Quantensprungs. Die größtmögliche Chance für weitestgehende Entwicklungsansätze.

Denn in der Mitte der Zeittunnel würden alle nur denkbaren Strukturformen und Gesetzmäßigkeiten plötzlich enden. Die reine Energieform wäre in solchen Momenten die einzig mögliche Gegebenheit. So könnten alle Strukturen, die bis dahin von den kosmischen Völkern erschaffen worden waren und manipulativen oder hemmenden Charakter erhalten hatten, sofort aufgelöst werden. Also ein Zeitpunkt der bestmöglichen Reinigung, mit der Aussicht auf völlig neue und erweiterte Möglichkeiten. Der kosmische Horizont sollte sich erweitern können und erweiterte neue Formen würden fortan entstehen.

Und es war klar, dass diese Momente der Verjüngung mit extremen Reibungskräften verbunden sein würden. Besonders dann, wenn kosmische Völker Strukturformen von allzu starrer Gestalt erschaffen hätten. Denn durch die Verjüngung der Zeitspiralen würden gigantische Beschleunigungskräfte entstehen, welche besonders an den Rändern der Tunnel spürbar wären. Besonders dort, wo Strukturformen zu sehr auf erhaltende Funktionen ausgerichtet wären. Die von diesen Zeiten betroffenen kosmischen Wesenheiten

hätten zu wählen – zwischen dem Aufgeben aller Formen einerseits, oder einem Festhalten an gewohnten Formen und damit verbundenen Krisensituationen andererseits.
Und um jene Zeiten möglichst angenehm und freudvoll durchleben zu können, wurde in die Zeittunnel eine komplexe und hoch wirkungsvolle Energieform eingebracht, die über die Mandalastruktur von EFATA abgerufen werden kann. Eine Energieform, welche gleichsam magnetisch in die Mitte des Zeittunnels zieht. Ebenda, wo sich alles in völliger Ruhe und Harmonie ereignet. Dorthin, wo die Reibungskräfte, die am Rand des Tunnels extreme Ausmaße angenommen haben, nahezu aufgehoben sein würden. Wo alles im Fluss der kosmisch-göttlichen Ordnung ist.
Denn in der Mitte befindet sich die völlig strukturfreie Ebene der absoluten Klarheit. Die reine Flusskraft in einer absoluten Schönheit. EFATA öffnet dich diesem Fließen. Du findest dich so ein in die Mitte deines tatsächlichen Seins, und demnach in der ursprünglichen Quelle deiner Kraft. So wird alles möglich sein.

In der Mitte liegt die Kraft.
Die eigene Wahrheit.

LUN

Im Zentrum des Sturms herrschen die absolute Stille und die reine, klare Kraft der inneren Wahrheit. Dort findest du deine Urmatrix, deinen Lebensplan.

LUN zentriert dich und bringt dich in deine Mitte.
Wenn du dich darauf einlässt, lebst du das, was du tatsächlich bist.

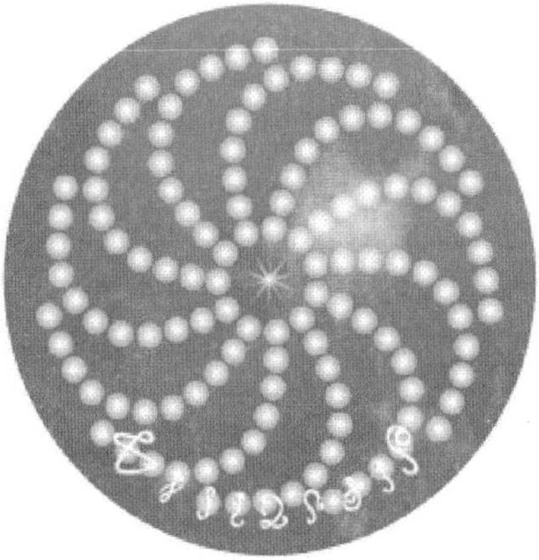

Begrenzungen werden gesprengt.
Behindernde Glaubenssätze
werden neutralisiert.
Leichtigkeit.

11, CHRISTALIN

Das Mandala CHRISTALIN ist der archetypische Revolutionär, der Sprenger der Grenzen und Begrenzungen – überall dort, wo Beschränkungen die Entwicklung behindern.
Begrenzungen aller Art sind Definitionen, die sich aus der Matrix ergeben. Sie machen dann Sinn, wenn wir dadurch Erfahrungen machen können, die unser Bewusstsein anreichern. So macht es z. B. durchaus Sinn, wenn wir einen Entwicklungsprozess nicht überspringen können, da wir durch das Durchwandern einer Entwicklung viele Erfahrungen sammeln.
Haben wir aber das Spiel der Definitionen, der Begrenzungen übertrieben („Das geht nicht“ oder „Das schaffe ich nicht“), tritt der Revolutionär auf den Plan und löst gezielt Definitionen wieder auf.
Grenzen werden gesprengt, um eine neue, freie Leichtigkeit zu erlangen.

Praktische Anwendungen:

Auflösung von Depression

Zumeist sind Depressionen intensive Selbstbezogenheiten, die sich vehement verdichtet haben. Mitleid hilft einem depressiven Menschen keineswegs. Im Gegenteil, es verstärkt seinen Zustand noch mehr.
Wenn du dich selbst in einer depressiven Verstimmung befindest, solltest du dir klarmachen, dass du auch diese Befindlichkeit dir selbst erschaffen hast.
Betrachte diese Verstimmung in dir und erkenne, dass sie Grenzen hat.
Du bist nicht die Depression. Sie befindet sich in dir, ist aber nicht Teil von dir selbst, sondern dein Geschöpf.
Beschreibe oder spüre ihre Grenzen.
Stell dir vor, dass diese Verstimmung nun dein Inneres verlässt und außerhalb von dir steht.

Das Energiegeflecht der depressiven Verstimmung wird auf das Mandala CHRISTALIN gelenkt und dadurch aufgelöst.

Lege nun das Mandala CHRISTALIN vor dir auf. Die elf Spiralarme mit den jeweils elf Kreisen haben eine intensiv neutralisierende Wirkung. Nimm dieses Bild in dir auf und übertrage es auf die depressive Verstimmung. Stell dir vor, wie sich das Gebilde der depressiven Verstimmung – ins Nichts – auflöst!

Spürst du die Leichtigkeit, die sich in dir ausbreiten möchte?

Dieselbe Methode kann natürlich auch in einer therapeutischen Sitzung für einen Klienten angeleitet werden.

Trauerarbeit

So wie depressive Verstimmungen neutralisiert werden können, gelingt uns auch die Trauerarbeit. Auch hier betrachten wir unsere Trauer, umgrenzen sie und stellen sie außerhalb von uns ab. Darauf übertragen wir dann das Bild, die Mandalafrequenz von CHRISTALIN.

Leichtigkeit, Auflösung von inneren Beschränkungen

Die meisten Beschränkungen befinden sich in unserem Kopf, besonders dann, wenn wir uns dies oder jenes nicht zutrauen oder wenn wir Angst vor etwas haben. All dies sind Glaubenssätze, die wir mit bestem Gewissen aus unserer Matrix entfernen können.

Benenne jenen Glaubenssatz oder jene Befürchtung, die dich im Moment behindert.
Erkenne, dass du dies selbst erschaffen hast oder dass du anderen gestattet hast, dies in dein System (z. B. durch Manipulationsmethoden) zu übertragen.
Wenn du den Glaubenssatz klar umrissen hast, übertrage darauf die sprengende Kraft von CHRISTALIN. Betrachte das Mandala und überspiele seine Frequenzen auf deinen Glaubenssatz, solange du es für nötig hältst.
Es kann hilfreich sein, mehrmals das Symbol SAAN vor dir in den Raum zu zeichnen.

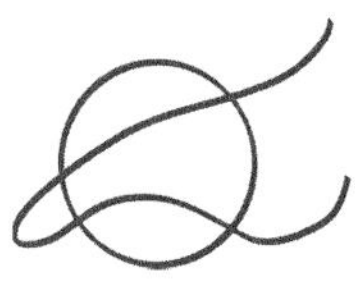

Saan

Spürst du die neue erwachende Leichtigkeit?

Die mythische Geschichte:

Es sind die SCHÖPFERSEELEN, auch FREIE GEISTWESEN genannt, die stets im Hintergrund agieren, dort aber wesentliche Impulse für die Entwicklung der Galaxie oder eines galaktischen Sektors einbringen. Sie tun dies kraft ihres unermesslichen Weitblicks. Sie sind Wesenheiten, die an keine Struktur gebunden sind. Und sie sind Wesenheiten aus der höchsten Dimensionsebene.

Jene Impulse, die sie in einen galaktischen Sektor einbringen, können über Äonen im Unsichtbaren wirken, bevor diese völlig zur Entfaltung kommen.

Es war der freie Geist, der den Namen CHRISTOS trägt. Jener freie Geist, der im neu entstehenden galaktischen Sektor eine energetische Lichtform installierte, welche später diesem Sektor den Namen verleihen würde: VELATROPA, Ort des DREHENDEN LICHTES. Denn es war dies eine 13-dimensionale Lichtform, die dem Licht dieses Sektors eine wunderbare Drehung, einen der Spiralbewegung der Galaxie angepassten Spin geben sollte. Ein Impuls, der für die meisten kosmischen Wesenheiten vorerst nicht sichtbar in den Sektor installiert wurde. Ein Impuls aber, der sich bei der Auffaltung und Gestaltung dieses Sektors und bei der Schaffung der Sternsysteme deutlich wahrnehmen ließ. Denn beim ersten Aufleuchten jedes neu entstandenen Sternes begann sich dessen Licht regenbogenartig aufzufächern und in einem kosmischen Tanz zu drehen.

Jedes Mal, wenn dieser Lichtertanz sich entfaltete, war das Umfeld von einer ausgelassenen Fröhlichkeit und Leichtigkeit erfüllt.
Und es war gut so, wie es war.
All das, was kommen sollte, würde seine Richtigkeit haben.
Und es würde alles eingebettet sein in den visionären Traum der Großen Galaktischen Mutter, den Traum von der Bewusstseinserweiterung der gesamten Galaxie.

Als die Entwicklung der Sternensysteme auf VELATROPA bereits ihren Lauf genommen hatte, wurde es bald klar, dass aufgrund der im Übermaß vorhandenen, aber nicht in Harmonie zueinander gesetzten Lichtmassen, die Systeme zu einer besonderen Dichtheit tendierten. Eine Dichtheit, die besonders dicke, schwer durchdringliche Hüllen entstehen ließ. Es entstand sozusagen eine Verdichtung der Zeit. Eine Verdichtung, die undurchsichtige Oberflächen und Hüllen ausbildete. Hüllen, die bald dazu führten, dass die kosmischen Individualwesen nur einen eindimensionalen Zeitverlauf wahrnahmen, sobald sie Körper ausbildeten und auf einem Planeten inkarnierten. Aber nicht nur dort. Auch jene Wesen, die in einem körperfreien Zustand verblieben, beobachteten, dass es immer schwieriger wurde, mehrere Zeitereignisse nebeneinander zu erkennen.
In diesem Sektor wurde die Wahrnehmung der Individualwesen gleichsam auf einen Zeitabschnitt fokussiert. Es handelte sich dabei um jenen Zeitabschnitt, der sich gerade an der

Oberfläche der Hülle vollzog, während sämtliche weiteren Zeitsequenzen sich im Inneren der Hülle, innerhalb der holistischen Kugel ereigneten. Man trat sozusagen auf einer Bühne an der Oberfläche auf, lebte ein einziges Leben, bis man diese Oberfläche wieder verließ. In das Innere der holistischen Kugel der Gleichzeitigkeiten zurückgekehrt, wurde das soeben Erlebte integriert, um ein neues Spiel in einem neuen Leben wiederum an der Oberfläche spielen zu können.

Wurde dieses Spiel der zeitlichen Konzentration auf ein einziges Leben jedoch wiederholt gespielt, so ging dem Individualwesen das Wissen um die Gleichzeitigkeiten mehr und mehr verloren. Erlebte solch ein Wesen nun einen schwierig gearteten Zeitabschnitt ohne Zugriff auf die Gesamtheit der Gleichzeitigkeiten, so konnten die Gefühle der Isolation und der Verlorenheit auftreten. Es wurden auf den Oberflächen mehrfach Abschiede inszeniert, die von enormer Traurigkeit begleitet waren, da sie für einen aktuellen Zeitabschnitt und das aktuelle Leben eine Endgültigkeit darstellten. Eine Endgültigkeit freilich, die innerhalb der holistischen Kugel der Parallelitäten sofort ihre Gültigkeit verlor. Eine Endgültigkeit aber, die in einer eindimensionalen Zeitwahrnehmung von häufig tiefgehender Dramatik war.

Da nun das wiederholte Erleben solcher Dramen zu schmerzhaften Ablagerungen in den Emotionalkörpern der Wesenheiten führte, entstand dadurch eine steigende Verdichtung der 3-dimensionalen Körperlichkeit. Denn ein verdichteter Körper lindert vorerst die Wahrnehmung des Schmerzes. Vorerst, aber nur solange, bis neue Dramen inszeniert wurden und neue Prägungen im Emotionalkörper hinterließen. Ein Kreislauf, der intensive Spuren hinterließ und in der aktuellen Situation des Menschen auf Terra Gaia seinen Höhepunkt erreicht hat.

Es ist dies ein Kreislauf, der den entwickelten kosmischen Völkern durchaus bekannt ist und von ihnen ebenfalls durchlebt wurde. Die Seher und die Wissenden unter ihnen erinnerten sich aber an das DREHENDE LICHT, *an jenen kosmischen Tanz der Leichtigkeit. Und sie riefen dieses Licht an, welches die Mandalaform von* CHRISTALIN *trägt. Eine 11-armig drehende Form der Auflösung und Entgrenzung. Eine mächtige energetische Kraft, welche die dichte Hülle der Oberfläche transparent werden lässt. Eine Kraft, welche das Innere der holistischen Kugel wieder sichtbar und zugleich durchlässig und empfangsbereit macht für jenen Lichtertanz und jene kosmische Leichtigkeit, welche einst die Schöpferseele* CHRISTOS *in unsere galaktische Heimat eingebracht hatte.*

Spielerische Leichtigkeit.
Lebensfreude.

Saan

Das Symbol Saan ist ein Sinnbild für die erreichte Leichtigkeit. Die Grenzen haben sich aufgelöst. Eine spielerische Freiheit tritt in dein Leben ein. Lebensfreude!

Du kannst einen Kristall mit dem Mandala Christalin programmieren und damit das Symbol Saan vor dir mehrfach in den Raum zeichnen. Dies erhellt dein Wesen, deine Stimmung mit spielerischer Leichtigkeit.

Heilung durch Ganzwerdung.
Die Einheit.
Die Bewusstwerdung.

12, Elshaddai Shikaina

Krankheiten zeigen uns an, dass in einem wesentlichen Bereich Trennung stattgefunden hat.
Dies kann die Trennung von unserem persönlichen Lebensplan sein. Denn wenn wir ein Leben führen, das unseren Fähigkeiten und Potentialen weitestgehend nicht entspricht, wird sich dies ungünstig auf unsere Gesundheit auswirken. Das Leben am „falschen" Ort, im „falschen" Beruf oder in einer Partnerschaft, die für beide nicht mehr förderlich ist, sind beliebte Spielarten, die uns von unserem eigentlichen Leben trennen.
Eine zweite Art besteht in der Trennung von unserem Körperbewusstsein. Wir spüren nicht mehr, was unserem Körper gut tut und was nicht. Der Grund dafür liegt häufig in einer Ablehnung unserer eigenen *Sinnlichkeit*. Denn

unser Körper ist ein sinnliches Erlebnis. Wir haben ihn deshalb erschaffen, um durch ihn hindurch die Stofflichkeit der Welt zu spüren und zu begreifen. Wenn wir nun alles, was mit Sinnlichkeit zu tun hat, abwerten (ein beliebtes Fehlprogramm in der Matrix), hören wir auf zu spüren, was unser Körper wirklich braucht. Daraus erklären sich viele ungesunde Essgewohnheiten des Menschen.
Ein drittes beliebtes Trennungsspiel besteht in der Bewusstseinsspaltung. Wir trennen beispielsweise Vorgänge voneinander, die eigentlich zusammen gehören. So erklären viele Menschen, dass sie niemals ein Schwein schlachten könnten, obwohl sie das Fleisch von einem getöteten Schwein sehr wohl zu sich nehmen. Dadurch entsteht schrittweise ein Trennungsbewusstsein in uns. Viel massiver noch erkennt man dieses Trennungsbewusstsein daran, dass der Mensch sich nicht mehr als Bewusstseinskollektiv begreift. Er meint tatsächlich, dass das, was sich an einem anderen Ort ereignet, keine Auswirkungen auf ihn hätte.

Das Mandala ELSHADDAI SHIKAINA stellt das archetypische Bild der Einheit und der Ganzwerdung dar. Seine Frequenzmuster verbinden das, was in Wahrheit zusammen gehört, wieder zu einer Einheit. Wenn wir uns darauf einlassen, begreifen wir wieder die Bewusstseinskollektive, das der globalen Menschheit, das zwischen Mensch und Mutter Erde, sowie das zwischen Mensch und Universum.

Der Name „Elshaddai Shikaina“ stammt aus dem Aramäischen und bedeutet „Vater-Mutter-Gottheit“. Dies meint die Einheit, die im „Göttlichen“, oder anders ausgedrückt, in der Urmatrix, angelegt ist.

Praktische Anwendungen:

Schuldbewusstsein, Vergangenheitsbewältigung

Auf der psychischen Ebene führt ELSHADDAI SHIKAINA zu einer Wiedervereinigung von Anteilen in uns. Besonders dann, wenn wir Glaubenssätze in uns tragen, welche ein Schuldbewusstsein erzeugen und daher Teile in uns abtrennen, oder wenn tiefe traumatische Erlebnisse zu solch einer Bewusstseinsspaltung geführt haben.

Übung:
Wichtig ist, dass du in das Gefühl der Trennung hineingehst (oder dich von einem Therapeuten hineinführen lässt).
Wie lautet der Glaubenssatz, der in dir das Gefühl der Schuld erzeugt?
Worin besteht dein traumatisches Erlebnis?
Erkenne, dass dieses Erlebnis oder das Schuldgefühl nicht du selbst bist. Du hast es erlebt und es wurde in dir angelegt. Du kannst es dadurch begrenzen.
Stell dir vor, wie es nun außerhalb von dir liegt.
Übertrage nun darauf das Codon der Vergangenheitsbewältigung (siehe Abbildung), indem du die drei Symbole zeichnest. Beginne

Oom

Naal

Ulun

Das Codon der *Vergangenheitsbewältigung*

Zeichne zuerst Naal, links beginnend, dann Ulun, ebenfalls links beginnend und zum Abschluss Oom, oben beginnend.

mit dem Symbol Naal, zeichne dann Ulun und schließe mit Oom ab.

Entlasse die Schuld, entlasse die Vergangenheit.

Du bist daraus entbunden, du bist frei.

Lege nun das Mandala ELSHADDAI SHIKAINA vor dir auf. Betrachte es und spüre seine Frequenzmuster. Nimm es dann in die Hände.

Sag nun mehrmals: *„Elshaddai Shikaina. Ich bin eins in mir selbst.“*

Heilungsprozesse

Bei körperlichen Heilungsprozessen macht es Sinn, die Trennungen, die in uns stattgefunden haben, aufzuheben. Es ist wichtig zu begreifen, welche Art der Trennung zu einer Krankheit geführt hat.

Wenn wir diese Trennung erkennen, sie uns anschauen, können wir das Mandala ELSHADDAI SHIKAINA vor uns auflegen und die Mandalafrequenzen auf die Trennungsthematik übertragen. Stell dir vor, wie dort, wo Trennung in dir war, nun wieder das zu einer Einheit verschmilzt, was zusammen gehört.

Das Mantra „Elshaddai Shikaina“ hat die Kraft, körperliche und seelische Heilungsprozesse zu unterstützen.

Sage mehrfach das Wort *„Elshaddai Shikaina“*.

Um den Heilungsvorgang im Körper zu unterstützen, lege die linke Hand auf das Mandala und die rechte auf die entsprechende Körperstelle. Stell dir vor, wie dort Heilung stattfindet. Stell dir vor, wie dein Körper wieder die reine, gesunde Form annimmt. Stell dir deinen gänzlich gesunden Körper vor.

Bewusstwerdung der Verbundenheit
Um uns wieder als Bewusstseinskollektiv zu begreifen, empfehlen wir die „Übung für den Weg zum kosmischen Menschen", die wir auf Seite 23 bereits beschrieben haben.

Die mythische Geschichte:
Wenn ein neuer Stern geboren werden soll, bedarf es vorerst wesentlicher Vorbereitungen im entsprechenden kosmischen Umfeld. Es versammeln sich die Sternenerschaffer am vorgesehenen Ort und bereiten dort die Wiegestätte des Sternes vor. Mittels einer Kraft, welche sämtliche wirksamen Kräfte dieses Ortes zueinander in Harmonie bringt; sodann wird der Grundstein gelegt. Eine so geschaffene Wiegestätte umhüllt alles mit einer allumfassenden Geborgenheit. Es ist dies die Kraft der Shikaina, dem Aspekt von Mutter-Gott.
Nach der solcherart vorbereiteten Kräfteharmonie geraten die Traumbilder der Galaxie in eine heftige Ekstase und gestalten daraus Nebelbilder. Der Stoff, aus dem der Stern entstehen soll. Diese Nebelgebilde geraten fortan in immer heftiger werdende Rotationsbewegungen und erzeugen an den Berührungspunkten der einzelnen Nebelfelder Reibungsflächen und Verdichtungen. Es handelt sich dabei um den Ort, an dem der Sternenkörper entstehen soll.
Die Sternenerschaffer setzen kraft ihrer Weisheit im exakt richtigen Moment die zweite

Kraft ein. Jene Kraft, welche als Grundlage für alles stofflich-organische, das hier entstehen soll, dient. Es ist dies die Kraft von ELSHADDAI*, von Vater-Gott, dem schöpferischen Aspekt der einen göttlichen Quelle.*

Werden daraufhin beide Kräfte in sich vereint, so entsteht die mächtige Energieform von ELSHADDAI SHIKAINA*. Eine Strahlkraft in der Einheit von Vater-Mutter-Gott, welche über die 12-dimensionale Ebene der Botschafter der göttlichen Quelle, der Erzengel, wirksam wird. Es ist dies eine Kraft, welche an die Urheimat jedes kosmischen Wesens erinnert. Denn wir entstammen alle der göttlichen Quelle, der Ebene des reinen Geistes. Und wir werden dahin zurückkehren, nach unseren Äonen dauernden kosmischen Wanderungen.*

Diese Energie von ELSHADDAI SHIKAINA *wurde wiederholt im Laufe der Geschichte angewandt. Es waren zumeist die Schöpferseelen, die den Kontakt zu kosmischen Individualseelen suchten, um diese in eine dimensionale Erweiterung einzuführen. Eine Erweiterung, die dadurch stattfand, dass jene Hüllen, welche das Individuum zu einem eigenständigen Wesen machten und dessen Identität erzeugten, aufgelöst wurden. Ein Vorgang, welcher aber gleichzeitig die Eigencharakteristik der Individualseele verstärkte. Denn das Individuum sollte mit all seinem eigenen Erfahrungsreichtum wieder mit der göttlichen Quelle verbunden werden, und*

zwar als letztendlich gleichberechtigter Partner Gottes.
So löst die Kraft von ELSHADDAI SHIKAINA *die begrenzenden Hüllen nach und nach gänzlich auf. Auf diese Weise enden für die Individualseele alle scheinbaren Wichtigkeiten. Somit ist alles so, wie es ist. Die Wertungen vergehen. Und die kosmische Individualseele vereinigt sich mit der ihr eigenen galaktischen Überseele. Die Wahrnehmung verlagert sich mehr und mehr auf diese allumfassende Sicht. Eine dimensionale Erweiterung hat so stattgefunden. Und jene Schöpferseele, welche dies initiiert hatte, kann nun durch diese kosmische Individualseele in eine Wirksamkeit treten. Eine Wirksamkeit von stets weit reichender Bedeutung.*

Es geschah dies wiederholt in der Geschichte der Menschheit auf Terra Gaia, und es wird sich auch in Zukunft wiederholt ereignen. So trat der freie Geist CHRISTOS *an die Individualseele des* JESUS *heran und vereinbarte mit ihm diese dimensionale Erweiterung. Und die Auswirkung dieses Aktivwerdens der* CHRISTOS*-Energie durch einen menschlichen Körper ergab einen mächtigen Impuls auf den gesamten Entwicklungsprozess des Menschen. Vor allem eine Aktivierung des bis dahin nahezu wirkungslos gewordenen kristallinen Gitters des Planeten und der Spezies des Menschen. Eine Aktivierung, die über Jahrtausende kaum spürbar war, aber vielfältig im Untergrund wirkte. Eine Aktivierung, die aber* *zum aktuellen Zeitpunkt mehr und mehr sichtbar wird.*

Wird die Energie von ELSHADDAI SHIKAINA *abgerufen, so entsteht augenblicklich eine ungewohnte Ganzheit und Vollständigkeit. Diese Kraft wird über die Erzengelebene wirksam und kann auf jeden beliebigen Punkt der Schöpfung gelenkt werden. So entsteht eine allumfassende energetische Heilung durch Ganzheit. Und es ermöglicht jenem, der diese Kraft ruft, eine erweiterte Sicht aus dem Blickwinkel der übergeordneten galaktischen Gesamtseele.*

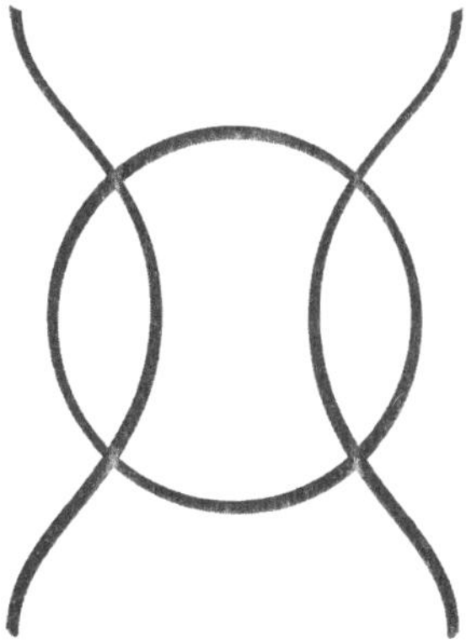

Zwei Tendenzen
werden zu einer Einheit
miteinander verbunden.

Schan

Das, was zusammen gehört, wird symbolhaft durch Schan verbunden. Der Kreis erzeugt aus den parallel laufenden Kräften eine Einheit und dadurch eine neue, übergeordnete Kraft.

Wenn du auseinanderstrebende Tendenzen in dir spürst, wenn es z. B. um eine Entscheidung geht, dann zeichne Schan vor dir in den Raum. Dadurch wird das Pro und Kontra in dir zu einer Einheit; eine Synthese findet statt, wodurch eine weise Entscheidung getroffen werden kann.

Die letztendliche
Geborgenheit
im allumfassenden Urgrund.

13, Schamajahum

Das Mandala Schamajahum ist ein Bild für den Urgrund, aus dem alles, was existiert, entsprungen ist. Dieses archetypische Bild geht davon aus, dass alles, jeder Stern, jeder Planet, jedes Wesen in unserer Galaxie, denselben Ursprung hat. Dieser Ursprung ist in erster Ebene Urmutter und in zweiter Ebene Urvater, wobei der weibliche Teil dem männlichen Teil zugrunde liegt, ihn fördert und nährt, sodass dieser seine Urkraft entfalten kann. Daraus entsteht jene Urquelle, welche beide Anteile in sich zu einer Einheit verschmolzen hat.

Im mythischen Bild wird diese Urquelle als hochdimensionale Wesenheit beschrieben, welche unsere gesamte Galaxie umfasst. Die gesamte Galaxie wird als *eine* Wesenheit begriffen. Wir sind Teil davon, darin einverwoben.

Unsere alltägliche Wahrnehmung ist sich dessen wenig bewusst. Dennoch braucht jeder Mensch für seine irdische Existenz das Gefühl einer zugrunde liegenden Geborgenheit. Die Mandalafrequenzen von SCHAMAJAHUM erinnern uns daran.

Praktische Anwendung:

Kollektives Bewusstsein

Der Urgrund ist ein starkes archetypisches Bild. Wir empfinden uns einem Urgrund zugehörig, dem wir entsprungen sind und zu dem wir einst wieder zurückkehren werden. Solange wir existieren, werden wir stets mit diesem Urgrund verbunden sein. Er nährt uns, gibt uns Mut und Kraft.

Untersuchen wir dieses archetypische Bild des Urgrundes, so erkennen wir, dass es sich dabei wohl um eine Erinnerung an die Einheit mit einem Bewusstseinskollektiv handelt. Offenbar existiert ein großes *Bewusstseinskollektiv Mensch*, dem jeder Mensch angehört und dem jeder Mensch ursprünglich entstammt. Dieses Kollektiv hat seine eigenen Visionen, Träume, seine eigene Entwicklung und auch ein eigenes Gedächtnis. Wir haben unseren Wahrnehmungsfokus einst von diesem Kollektiv abgewendet, um uns selbst, unsere Individualität zu erkennen und um daraus neue Erfahrungen schöpfen zu können.

Mit der Zeit haben wir aber unsere Verbundenheit mit diesem Kollektiv nahezu gänzlich vergessen. Daher entschwindet uns – scheinbar – auch der Zugriff zu jener nährenden

Kraft, die uns aus diesem Urgrund zufließen will.

In der folgenden Übung wird die Verbindung mit dem Urgrund und die Erinnerung an das *Wir sind* angeklungen.

Praktische Übung:
Reinige drei ungeschliffene, natürliche Rosenquarze mit dem Mandala ACBAHUM. Übertrage danach auf diese Steine die Energiefrequenzen von SCHAMAJAHUM, indem du die Steine bewusst auf dieses Mandala legst und dir vorstellst, wie die Mandalafrequenz darauf übergeht.
Lege danach diese Rosenquarze im Dreieck um einen Stuhl, auf dem du dann Platz nimmst.

Nimm das Mandala SCHAMAJAHUM zwischen deine beiden Hände und spüre, wie seine Energiefrequenzen auf dich übergehen.
Zeichne nun vor dir das Codon *Wir sind* dreimal. Beginne mit dem Symbol Ysir, zeichne danach Schamba und zum Schluss Inti.
Lass dich auf das Energiefeld ein, das durch die drei Rosenquarze und die Mandalafrequenz entsteht. Achte auf dein Herz, spüre deinen Herzschlag.

Sage als Affirmation:
Schamajahum.
Ich bin eins mit dem Urgrund.
Schamajahum.

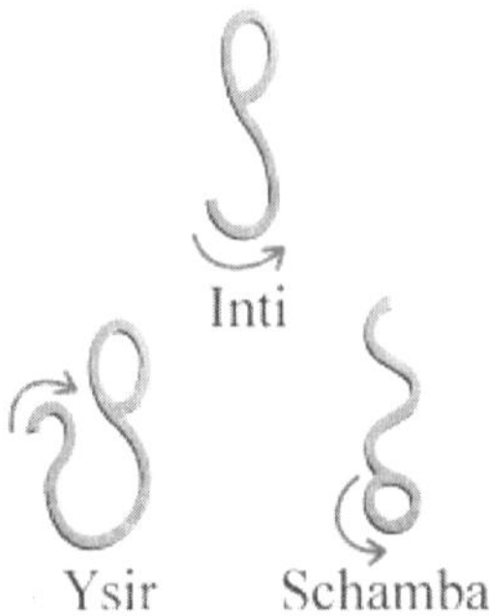

Das Codon *Wir sind.*

Zeichne zuerst Ysir, links beginnend. Danach kommt Schamba, bei dem man zuerst den Kreis gegen den Uhrzeigersinn drehend zeichnet. Zum Abschluss zeichnet man Inti, links unten beginnend.

Diese Übung kann auch therapeutisch umgesetzt werden. Der Therapeut baut das Energiefeld mit bereits vorbereiteten Rosenquarzen auf und lässt den Klienten darin Platz nehmen. Er leitet die Übung wie oben beschrieben an.

Geborgen sein im Urgrund

Wie wir aus der systemischen Familienaufstellung wissen, können unsere Vorfahren (Eltern, Großeltern usw.) ein Feld aufbereiten, das eine wichtige Basis für unser Leben sein kann. Fehlt es in diesem Feld an Geborgenheit und an der grundlegenden Unterstützung, fehlt uns die nötige Kraft, die „Rückenstärke“. Daher ist es ratsam, solch einen Mangel auszugleichen und ein hilfreiches energetisches Feld *selbst* aufzubauen.

Das Auflegen des eigenen Fotos auf das Mandala Schamajahum fördert die Wahrnehmung, dass wir im Urgrund geborgen sind.

Wir gehen daher in der folgenden Übung an die Urquelle zurück. Wir verlassen die Ebene der Ahnen und wenden uns an den Urgrund, der jedem völlig selbstverständlich und kraftvoll zur Verfügung steht.

Du brauchst für diese Übung ein Foto von dir.
Beschreibe nun für dich, wo du einen Mangel an Geborgenheit in deinem Leben kennst.
Umfasse dieses Mangelgefühl und begrenze es, stell dir seine Grenzen vor.
Sei dir bewusst, dass es sich dabei um ein Fehlprogramm handelt, das du jetzt korrigieren wirst.
Lege das Mandala Schamajahum vor dir auf.
Lege nun dein Foto auf das Mandala.

Stell dir vor, wie die Mandalafrequenzen über dein Foto auf dich einwirken.
Das Fehlprogramm des Mangels wird in dir aufgelöst.
Das Wissen um die Geborgenheit im allumfassenden Urgrund geht jetzt auf dich über.
Lass das Foto für genau 13 Tage auf dem Mandala liegen. Die Zahl 13 wird symbolisch als kosmische Zahl (als Zahl des allumfassenden Urgrundes) angesehen. Details dazu findest du auf Seite 14.
In dieser Zeit findet die Umprogrammierung in deinem energetischen System statt.
Ziehe mit der Hand einen Kreis um das Mandala und das Foto herum. Du symbolisierst damit, dass jetzt die Auflösung des Mangelgefühls und die Übertragung der inneren Geborgenheit beginnen.
Beobachte in den folgenden 13 Tagen, was sich in dir zu wandeln beginnt.

Du kannst dieses Ritual auch für jemand anderen durchführen. Dieser sollte aber darüber Bescheid wissen, da er dadurch bewusst an seiner inneren Stabilisierung und am Aufbau seiner inneren Geborgenheit mitwirken kann.

Kristall der Geborgenheit

Wer gerne einen Edelstein bei sich trägt, kann diese Mandalafrequenz auch auf einen Kristall übertragen. Wähle dir dazu am besten einen Rosenquarz, da dieser das Herz, die Herzenswärme und die zugrunde liegende Geborgenheit anspricht.

Reinige den Stein zuerst mit ACBAHUM und lege ihn danach bewusst für zumindest 7 Minuten auf das Mandala SCHAMAJAHUM. Stell dir vor, wie die Mandalafrequenzen auf den Kristall übergehen und von diesem gespeichert werden.
Immer, wenn du dann den Rosenquarz bei dir trägst und ihn berührst, erinnerst du dich daran, dass du in den Urgrund eingebettet bist.

Das Mantra

In kritischen oder beängstigenden Situationen wirkt es beruhigend und stärkend, wenn du den Namen
Scha Ma Ja Hum
mehrfach in dir sprichst.

Die mythische Geschichte:

Alles, was in dieser Galaxie ist, jeder Stern, jeder Planet, jede Wesenheit, alles wird von der Großen Galaktischen Mutter erträumt, bevor es in seine Existenz tritt.
Sie ist die größte Wesenheit und sie umfasst alles was ist.
Sie ist der Urgrund von allem.
Und sie kann mit dem Namen SCHAMAJAHUM gerufen werden.
So war es ein visionärer Traum der Großen Galaktischen Mutter, der im Zentrum der Galaxie einen überwältigenden Lichtüberschuss entstehen ließ. Lichtmassen von enormem Ausmaß. Es entsprach ihrem Traum, dass diese Lichtmassen in einem neuen galakti-

schen Sektor eingebracht und zueinander in die höchstmögliche Harmonie gebracht würden. Und es entsprang ihrer Vision, dass dadurch eine wesentliche Bewusstseinserweiterung der gesamten Galaxie vollzogen werden könne.
So wurde eine Lichtüberfülle geboren.
Es entstand der neue galaktische Sektor VELATROPA, der Ort des drehenden Lichtes.
VELATROPA empfing dieses Licht und wurde zu einem Feld aller möglichen Experimente, die den Lichtüberschuss in die Gesamtheiten einzubetten trachteten; aber auch einem Feld von Versuchen, die dem entgegenarbeiteten und über Nicht-Licht Macht- und Manipulationsstrukturen erzeugten.
Dennoch war es klar, dass diese Nicht-Licht-Formen letztendlich nur dazu dienen konnten, das mächtige Spiel der galaktischen Erweiterung in einer Art Kontrastprogramm zu unterstreichen. Denn das Nicht-Licht würde dem Licht jederzeit weichen. Das Nicht-Licht würde jedenfalls als Illusion erkannt werden, sobald eine Wesenheit sich wieder in die Verbundenheit mit dem Urgrund begibt.
So übertrug die Große Galaktische Mutter ihre Vision in die kristallinen Strukturen des neu entstandenen VELATROPA-Sektors. Sie speicherte darin alles ein, was künftig sein sollte und dem kosmisch-göttlichen Plan entsprach. Und sie integrierte darin ihre Mandala-Energie SCHAMAJAHUM, jene ihr zugrunde liegende Kraft, die jede Wesenheit fortan nutzen konnte, um sich an den Urgrund zu erinnern und damit wieder eins zu werden.

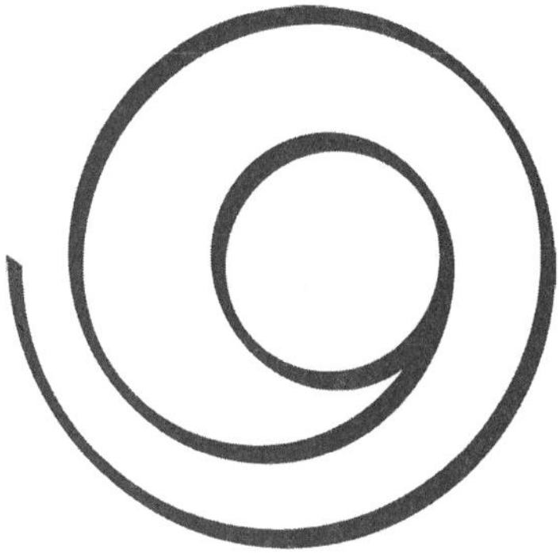

Das Prinzip des Endes
und des Neubeginns.
Die Fülle aller Möglichkeiten.

NURIÉL

Als das Prinzip des Neubeginns steht Nuriél für die Summe aller Möglichkeiten, wobei alles potentiell vorhanden, aber noch nicht verwirklicht oder gelebt wurde. Der absolute Anfang, in dem alles, was entsprechend der Programme der Urmatrix angelegt wurde, erkennbar ist.
Gleichzeitig repräsentiert Nuriél das Prinzip des Endes einer großen Zeitspanne. An diesem Punkt wird alles, was sich während dieser Zeitspanne an ungünstigen Erfahrungen in dir verdichtet hat, aufgelöst und neutralisiert, während die hilfreichen Erfahrungen in deine persönliche Matrix dauerhaft überschrieben werden.

Damit ist dieses Symbol eine hilfreiche Kraft für jeden Neubeginn, der aus dem Ende eines vergehenden Zeitabschnittes hervorgeht.
Es hilft dir, alte und nicht mehr nötige Erfahrungen zu neutralisieren und unterstützt dich bei jedem Neubeginn.
Zeichne es vor dir in den Raum.
Beginne beim Zeichnen innen, im Uhrzeigersinn.

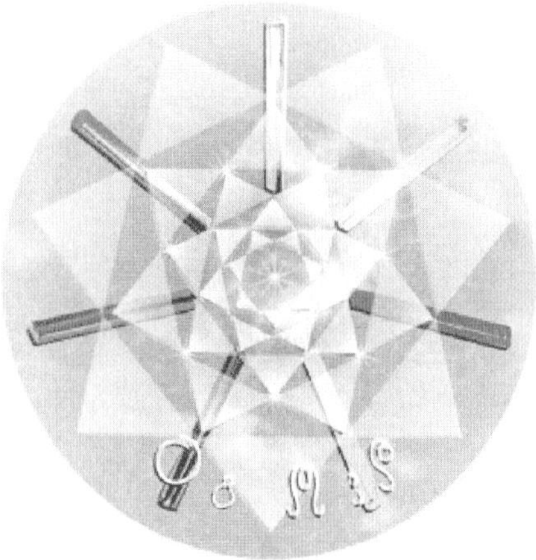

Das Urprogramm des kosmischen Menschen. Herzenswärme.

OG MIN

Der Name Og Min entstammt ursprünglich aus der tibetanisch-indischen Mythologie und beschreibt ein mythisches Volk, das in enger Verbindung zur Evolutionsgeschichte der Erde steht. Wir verwenden diesen Namen für das archetypische Bild eines Urprogramms, welches die wesentlichen Evolutionsschritte des Menschen beinhaltet. Wir gehen in diesem Bild davon aus, dass die grundlegenden Inhalte dieses Urprogramms bereits in unserer DNA verschlüsselt sind.

Den Part des Urprogramms, den es jetzt zu entwickeln gilt, nennen wir „den kosmischen Menschen", wie wir ihn ab Seite 17 beschrieben haben. Es geht dabei vor allem darum, dass wir uns bewusst werden, dass wir *kollektive* Wesen sind, und dass wir als Bewusstseinskollektiv die Lebensumstände des Planeten Erde gezielt und nachhaltig verändern und verbessern können. Voraussetzung dafür ist das Begreifen dieser Verbundenheit und ein Mindestmaß an Einigkeit.

Wenn wir das Bild, dass dieses Urprogramm in unserer DNA verschlüsselt ist, annehmen, wird es für uns zu einer Wirklichkeit, mit der wir kreativ arbeiten können. Wir haben dazu das Mandala Og Min entwickelt, das die Frequenz des Urprogramms darstellt und auf unsere DNA aktivierend wirkt. Auf diesem Weg kann eine Erinnerung an das Urprogramm in uns erweckt werden.

Das Ritual zur Erinnerung an unser Urprogramm

Wir brauchen für dieses Ritual einen Edelstein. Am besten geeignet ist dafür ein Turmalin beliebiger Farbe. Der Stein sollte dich ansprechen, dir angenehm erscheinen.
Ein Turmalin wird aufgrund seiner geologischen Entstehungsgeschichte nur als Kollektiv sichtbar. Ein einzelner Turmalin bestünde nur aus einem einzigen dünnen Faden.
Daher symbolisieren Turmaline das Urprogramm jenes kollektiven Bewusstseins, aus dem wir als Individuum herausgetreten sind und in das wir einst – mit neuer Bewusstheit –wieder heimkehren werden.
Der ausgewählte Turmalin wird zuerst mit dem Mandala Acbahum gereinigt und von bestehenden Programmierungen befreit.

Turmaline symbolisieren das Urprogramm des kollektiven Bewusstseins.

Danach lege den Turmalin für eine Nacht auf den obersten Strahl des OG MIN-Mandalas. Diesen trage den gesamten nächsten Tag bei dir. Günstig ist dabei, Hautkontakt zum Edelstein herzustellen; es genügt aber auch, diesen Stein bei sich zu tragen und zeitweise zu berühren. In der folgenden Nacht lege den Turmalin auf den im Uhrzeigersinn zweiten Strahl des Mandalas und trage ihn am nächsten Tag wieder bei dir. So gehe Schritt für Schritt im Uhrzeigersinn weiter, bis zum siebenten Strahl.
Beobachte, was sich während dieser Tage in dir ereignet.
Was spürst du?
Wie siehst du die Welt um dich?
Wie nimmst du die Menschen in deinem Umfeld wahr?

Du hast nun in dir die Erinnerung an dein kosmisches Menschsein, an das Programm in deiner Urmatrix initiiert.
Verbunden damit ist das Erwachen einer unendlichen Herzlichkeit.

Du kannst dich immer wieder auf das Mandalabild selbst einlassen, indem du es meditativ betrachtest, auch nach den sieben Tagen dieses Rituals.

Die mythische Geschichte:
Die Geschichte von VELATROPA begann mit der Erschaffung des Zentralsterns ALCYONE. Dieser erzeugte jenen Raum und jene zeitlichen

Bedingungen, die das Entstehen von einer Fülle weiterer Sterne ermöglichte.
Immer dann, wenn ein neuer Sektor in unserer Galaxie erwacht, wird das Sternenvolk der Og Min davon angezogen. Denn sie wissen, dass es nun bald ein weites Betätigungsfeld für sie geben wird. Sie sind Sternenfahrer und in der gesamten Galaxie bekannt. Und sie sind Botschafter jenes Urwissens, das die Große Galaktische Mutter überall in die kristallinen Netze eingewoben hat; das Wissen um den großen Plan der galaktischen Evolution. Es ist die Aufgabe der Og Min, dieses Wissen überall dort einzubringen und zu verankern, wo organisches 3-dimensionales Leben entstehen soll.
Eine Gruppe der Og Min traf in Velatropa ein und ließ sich auf jenen Planetensystemen nieder, die sich um den Zentralstern Alcyone gebildet hatten; dort, wo viel später die Plejaden entstehen sollten. Sie studierten die Bedingungen des neuen galaktischen Sektors und den großen Plan, der aus den kristallinen Strukturen abgelesen werden konnte. Es war nun ihre Aufgabe, diesen Plan auf der organischen Ebene umzusetzen und dafür entsprechende Matrizen zu entwickeln. Diese neue Herausforderung nahmen sie dankend und voller Freude an. Sie verstanden bald den großen Plan und das darin einverwobene Projekt, das von der Großen Galaktischen Mutter Schamajahum einstmals erträumt worden war:
Es ging um die Verwirklichung des Kosmischen Menschen. So sollten in Velatropa eine

Fülle von Sternen und deren Planetensystemen entstehen. Diese Planeten würden kosmische Völker anziehen und von ihnen besiedelt werden, indem sie 3-dimensionale Körper ausbilden und auf den Planetenoberflächen oder im Inneren der Planeten Zivilisationen aufbauen würden. Durch das so entstehende organische Leben sollte der solare Kern des jeweiligen Planeten erwachen und dadurch seine Eigenschwingung finden. Die Voraussetzung dafür ist allerdings, dass die auf dem Planeten existierenden kosmischen Völker ein Leben voller Freude und Herzlichkeit führen. Denn nur dies kann die Eigenschwingung des Planeten in jene Frequenz versetzen, die ihm tatsächlich zugrunde liegt. Die so entstehenden Lebewesen wurden allgemein als Kosmische Menschen bezeichnet, da sie eine wesentliche Aufgabe für ihre kosmische Heimat übernehmen sollten. Wird nämlich die Eigenschwingung des Planeten erreicht, so gilt jener als harmonisiert. Das bedeutet, dass sein Lichtpotenzial, das er in sich trägt, von nun an gänzlich im Einklang mit seiner ureigenen Bestimmung schwingt. Und genau das ist das erklärte Ziel von VELATROPA, dem Ort des drehenden Lichtes – die Harmonisierung jenes gesamten Lichtpotenzials, das alle Sterne und Planeten in sich tragen.

Nachdem nur ein erfülltes Leben in Freude die dem Planeten entsprechende Grundschwingung anklingen kann, ersannen die OG MIN ein Basisprogramm, das sie in die Grundstrukturen allen organischen Lebens ein-

brachten. Sie programmierten eine Matrix mit den Schwingungen von Freude, Fülle und Freiheit, durchdrungen von einer gänzlichen Herzenswärme. Diese Matrix wurde als Grundprogramm für jede DNA-Struktur erklärt, die von nun an allen in Velatropa entstehenden organischen Körpern gemeinsam sein würde. Sie umgaben diese energetische Matrix mit einer goldfarbenen Schwingung und hatten nun jene Sternensaat gefunden, die sie auf den neu entstehenden Planeten aussäen würden.

Sie erlebten bald das gigantische Schauspiel der Entstehung neuer Sterne, deren Entwicklung und die Erschaffung der Planetensysteme. Velatropa erwachte und kosmische Völker trafen ein, um die neuen Gebiete zu besiedeln. Überall dort , wo organisches Leben entstehen sollte, traten die Og Min auf und brachten ihre goldene Sternensaat in den erwachenden Planeten ein. Dies initiierte stets eine Kettenreaktion, denn der Same der Og Min schuf jene biologischen Rahmenbedingungen, die nötig waren, damit organisches Leben sich entwickeln und entfalten konnte. Nur durch diese Initialzündung können sich z. B. die Aminosäuren entsprechend gestalten, um körperliches Leben aufzubauen. Jede DNA-Struktur, die dadurch entstand, wurde zu einem Drittel von dieser Sternensaat festgelegt, während der andere Teil sich im Laufe seiner biologischen Evolution entsprechend der Lebensbedingungen selbständig weiterentwickeln konnte. Vor allem aber war von nun an eine Matrix mit jenem kosmischen Basisprogramm in allen DNA-Struktur verankert worden, das sich zu dem des Kosmischen Menschen entfalten sollte.

Wie erwartet verlief die Entwicklung des kosmischen Menschen in VELATROPA relativ schwierig. Besonders der Planet Erde – Terra Gaia - erlebte eine bisher noch unbekannte körperliche Dichtheit, welche den Menschen sehr weit von seiner ursprünglichen Bestimmung zu entfremden begann. Aber überall dort, wo die Erinnerung an das Basisprogramm zu sehr in Vergessenheit gerät, haben die OG MIN die Möglichkeit, zu erscheinen und die Menschen zu erinnern. Dies geschieht in sehr sanfter und unendlich liebevoller Weise. Voraussetzung dafür ist allerdings, dass der Planet und seine Bewohner sich dafür öffnen können.
In der aktuellen Situation hat sich der bislang schwer belastete Emotionalkörper des Planeten soweit erholt, dass deren Auftreten mehr und mehr möglich geworden ist. Sie erscheinen in ihren lichtvollen und feinstofflichen Körpern, die für den Menschen nahezu unsichtbar sind. Aber sie treten wiederholt auf und berühren das menschliche Herz – um an die Fülle und Lebensfreude zu erinnern.

Angstauflösung und Harmonisierung. Die Aktivierung der heilen Urform.

YESIRAH

Sowohl auf der emotionalen, als auch auf der körperlichen Ebene wird eine nachhaltige Heilung nur dann stattfinden, wenn der Mensch seine Selbstheilungskräfte aktivieren kann. Wir gehen von dem Bild aus, dass jeder Mensch in sich die heile, gesunde Form seines Körpers, wie auch seines Lebenslaufes kennt. Diese vollkommen gesunde Form ist als Urprogramm, als Urmatrix in uns codiert. Wenn nun im konkreten Leben Krankheit auftritt, beginnt durch die Erinnerung an die gesunde eigene Urform die Selbstheilungskraft aktiv zu werden.

Was für den Menschen als Individuum gilt, das gilt auch für das Kollektiv des globalen menschlichen Bewusstseins, als auch für das kollektive Bewusstsein des gesamten Planeten. Auch hier nehmen wir eine Urmatrix wahr, welche die gesunde Urform kennt und diese verwirklichen will.

YESIRAH ist das mythische Bild für ein Bewusstseinskollektiv, dessen Aufgabe darin besteht, die Urmatrix wieder „anzuklingen". Stellen wir uns die Urmatrix der Erde wie eine große komplexe kristalline Form vor, wie transzendente kristalline Gitternetze, die sich über die gesamte Erde ziehen. Diese Form trägt in sich das Wissen um die vollkommen heile Urmatrix. Wenn es gelingt, diese „kristalline" Urform anzuklingen, so gibt sie Töne von sich, welche das Wissen um die Urform freigeben. Gelingt dies in ausreichendem Maße weltweit, so findet Heilung im umfassenden Sinne statt: Es vergehen alle Formen von Mangelgefühlen und Ängsten. Das Ergebnis ist ein völlig unmanipulierbarer, freier und lebensfroher Mensch.

Das Mandala YESIRAH ist das archetypische Bild der heilen Urform, welche der Urmatrix zugrunde liegt, oder genauer gesagt: das archetypische Bild für die Fähigkeit, die heile Urform in der Matrix zum Klingen zu bringen.

Praktische Anwendungen:

Angstauflösung

Sehr gute Erfahrungen haben wir mit diesem Mandala bei der Auflösung von Angstzuständen gemacht.

Schau der Angst, die in dir ist, „ins Gesicht“. Erkenne, dass sie ihre Grenzen hat.
Sie ist eine Erschaffung deiner selbst. Du hast daher die Fähigkeit, sie aus ihrer Wirkung auch wieder zu entheben.
Lege dazu das Mandala mit der Farbseite zum Körper zeigend auf der Brust auf.
Atme die Frequenzmuster des Mandalas in dich hinein.
Sage dir: *„Es ist gut so, wie es ist.“*

Das Auflegen des Mandalas YESIRAH auf die Brust löst Angstzustände auf.

Wenn wir Angstzustände bei einem anderen Menschen (z. B. bei einem Kind) auflösen wollen, so können wir das Mandala zwischen unsere Hände nehmen, bis wir ein Pulsieren spüren. Dann legen wir unsere Hände auf die Brust des anderen Menschen. Wir stellen uns vor, wie Ruhe und Entspannung in ihn einkehrt.

Ein Harmonisierungskristall

Ein gutes Speichermedium für die YESIRAH-Energie sind **Ametrine**. Diese Edelsteine öffnen uns für hilfreiche Energien und erden uns gleichzeitig.
Wenn wir einen Ametrin mit den Mandalafrequenzen programmieren, haben wir einen Kristall, der uns durch eine schwierige Zeit hindurch begleiten kann.
Lege dazu einen Ametrin in 8 aufeinander folgenden Nächten auf das Mandala und trage ihn tagsüber bei dir. Beobachte, wie Ruhe und Gelassenheit in dein Leben einzutreten beginnen.

Der Harmonisierungskristall wird über acht Tage hinweg mit der YESIRAH-Energie aufgeladen.

Die mythische Geschichte:
Wir sind Yesirah und steigen mit dem heutigen Tag in die laufenden Geschehnisse auf eurem Planeten ein. Nach eurer Zeitrechnung habt ihr heute den 13. Oktober 2002. Es ist uns eine Ehre, diesen Tag nutzen zu können.
Lange war es nicht klar, ob wir an dem Vorhaben, den irdischen Emotionalkörper zu heilen, wieder aktiv teilhaben könnten. Zu viele Variable gab es in diesem Spiel. Doch unsere Zeit ist nun gekommen und wir freuen uns darauf.
In unserer Zeitdarstellung trägt der heutige Tag das Frequenztripel 4:13:9 und die Harmonisierungsfrequenz 13. Das bedeutet, dass es uns in diesem Zeitfenster möglich ist, die auflösende Energie der 13 in voller Kraft in das irdische morphogenetische Feld einströmen zu lassen, um hemmende Strukturformen aufzulösen und eine Ausgleichung der extrem polarisierten Kräfte zu erreichen. Die Basisfrequenz 4 zeigt an, dass es um Verwirklichung geht; unser Vorhaben kann in eine konkrete Form gebracht werden. Die Wandlungsfrequenz 9 sagt, dass wir Veränderungen dadurch erreichen können, dass wir Strukturen ins Fließen bringen. Wir werden zu einem späteren Zeitpunkt den Aufbau der Zeitmatrix noch detailliert für das irdische Verständnis übersetzen.

Wir Yesirah repräsentieren ein kollektives Bewusstsein, das einst aus einem kosmischen Bündnis hervorgegangen ist. Wenn solch ein Bündnis geschlossen wird, geht dem ein Anliegen voran, das gleichzeitig mehreren

Individualseelen besonders wichtig erscheint. Diese finden sich sodann ein und beraten eine gemeinsame Vorgehensweise, um ihr Anliegen erfolgreich abschließen zu können. Wird eine wesentliche Verbundenheit zueinander wahrgenommen, so schließen sie sich zu einer Einheit zusammen und treten sodann als neue Kraft in die kosmischen Ereignisse ein. Wird nun dieses Vorhaben von der kosmisch-göttlichen Gesamtheit als wesentlich erachtet, kann sich die Gesamtheit all jener Individualseelen, die das Bündnis geschlossen haben, zu einer neuen übergeordneten Bewusstheit erweitern. So entsteht gleichsam eine neue übergeordnete Wesenheit.
Da die Individualseelen, von denen wir sprechen, aus der 7. Dimension stammen, ist deren übergeordnetes kollektives Bewusstsein zumindest 8-dimensionaler Gestalt.
Als Mitglied des kollektiven Bewusstseins wird das Wir-sind wesentlich stärker wahrgenommen, als das Ich-bin. Daher werden wir uns zumeist als „wir Yesirah" zu erkennen geben.

Unser Bündnis begann zu einer Zeit, als es den Menschen in der bekannten körperlichen Form auf eurem Planeten noch nicht gab. Das Leben auf anderen Planeten innerhalb eures Velatropa-Sektors hatte allerdings durchaus mit eurer heutigen Situation vergleichbare Zustände angenommen. Es war dies zu einer Zeit, in der das Manipulationsprojekt der Orioner bereits einen für uns besorgniserregenden Umfang angenommen hatte. Denn es war den Orionern gelungen, den emotionalen Selbstheilungsprozess einiger Planeten zu kontrollieren, ihn an manchen Or-

ten zu verlangsamen oder in bestimmte Richtungen zu verändern. So konnten sie manch andere Sonnensysteme kolonisieren und die bereits dort lebenden Völker ihren Zwecken unterordnen. Denn überall dort, wo der planetare Emotionalkörper sich nicht natürlich reinigen kann, werden alle Lebewesen ihres zugrunde liegenden Potenzials bis zu 50% beraubt. Ein nach und nach derart geschwächtes Volk kann leicht beherrscht werden.

Diese Tatsache hatte sich natürlich in den telepathischen Netzen VELATROPAS rasch verbreitet und zumeist Besorgnis erregt. Denn es war uns klar, dass eine Ausweitung der selbstzentrierten Kontrolltendenzen der ORIONER unsere gesamte Evolution bremsen könnte.

So entstanden mehrfach Gruppierungen, die sich zum Ziel setzten, diese Entwicklungen umzukehren und wieder in die Gesamtheit aller einzugliedern. Auch unter den ORIONERN selbst entstanden solch Bündnisse, die von ihrem Heimatsystem als Rebellen eingestuft wurden und zum Teil in andere Systeme ins Exil flüchten mussten. Einige von ihnen kehrten später wieder zurück und konnten dort kraft ihres kollektiven Bewusstseins vor nicht allzu langer Zeit den endgültigen Umschwung herbeiführen.

Wir YESIRAH fanden uns im Doppelsternsystem des SIRIUS ein. Unter uns waren Sternengeschwister aus mehreren Systemen. So erschienen ANTAREANER, ALDEBARANER, ARKTURIANER, SIRIANER und manche Vertreter vom Sternensystem des RIGEL. Wir hatten das System des SIRIUS gewählt, da es durch die Synergie seiner beiden Hauptsterne (die ihr SIRIUS A und B nennt)

eine kraftvolle Konstellation besitzt. Sirius B verfügt aufgrund seiner Erfahrung eine unendliche Weisheit, die durch die erfrischende Lebenskraft des Sirius A in das kosmische Umfeld ausgestrahlt wird.
Wir wandten uns an die Weisen des Sirius B und schilderten unser Anliegen. Da auch ihnen die freie Evolution in Velatropa bedeutsam erschien, legten sie uns als möglichen Lösungsansatz ein Wissen dar, das wir bislang noch nicht vollständig begriffen hatten: Jeder Planet trägt aufgrund seiner Entstehungsgeschichte in seinen kristallinen Gitternetzen eine wesentliche Basisinformation, die den Plan der Grossen Galaktischen Mutter beschreibt. Wird diese Information angeklungen und somit aktiviert, entfaltet sich eine stille und gleichzeitig mächtige Kraft, die emotionale Wirrnisse (die sich zumeist als Ängste ausdrücken) löst, harmonisiert und im planetaren Feld die Empfangsbereitschaft für reine Energien aus der Quelle allen Seins verstärkt. Gelingt es, diese Urkraft im System eines Planeten zu aktivieren, beginnen dort entwicklungshemmende Machtprogramme zu zerfallen. Diese Urkraft trägt viele Namen und ist auf dem Planeten Terra Gaia heute als reine Gralsenergie bekannt.
Es war uns bald klar, dass wir die Aktivierung dieser reinen Energieform als wesentliche Aufgabe für unser neu entstehendes kollektives Bewusstsein erklären würden.

Die Weisen von Sirius B zeigten uns mehrere Zugangsmöglichkeiten zu diesen planetaren Urkräften. Die eine bestand in einer Klangform,

die mit YESIRAH ins Irdische übersetzt werden kann. Nenne den Namen YESIRAH drei mal, und die Gralsenergie eröffnet sich. (Eine ähnliche Wirkung entsteht durch das dreimalige Rufen des Namens CHRISTOS.) Wir übernahmen fortan diese Klangform in unser Kollektiv und machten sie zu unserem Namen.
Als zweite Möglichkeit übergaben sie uns das Schlüsselsymbol SENTIL, ein galaktisches Wissen der Weisen der Zeit, das wir als Energieform in unsere Gruppenseele einbrachten. Dies eröffnet uns den Zugang zu den Tripletten-Codons der Zeitmatrizen. So können wir günstige Zeitfenster erkennen, um die planetare Urkraft zu aktivieren, aber auch über eine erweiterte Zeitfreiheit als Zeitreisende an mehreren Orten gleichzeitig wirken. Dies ist für uns im Laufe unserer Geschichte zu einem wertvollen Instrument geworden, da wir eine sehr kleine Gruppe von nur 311 Seelen sind, aber dennoch einen weiten Wirkungsradius erreichen sollten.
Als dritte Kraft wurde uns die Mandalaenergie gezeigt, welche durch die Klangform YESIRAH dargestellt wird. Durch diese komplexe Form erhielten wir einen weit reichenden Zugang zur planetaren Urkraft. Wir haben sie in eine irdische Bildform gebracht, um auf dem Planeten Erde die Aktivierung der reinen Gralsenergie zu unterstützen.

Im weiteren Verlauf unserer Geschichte gingen wir dazu über, als Individualseelen in von Machtprogrammen besonders stark betroffenen Systemen zu inkarnieren. Die verkörperte Existenz wählten aber jeweils nur wenige von uns, wäh-

rend die meisten unterstützend im Hintergrund tätig blieben. Unseren inkarnierten Sternengeschwistern kam stets die Aufgabe zu, die bereitgestellten YESIRAH-Energien in das jeweilige planetare System einzuspeisen. So geschah es bald im Sonnensystem des RIGEL, und so geschieht es seit Jahrtausenden auf dem Planeten Erde.
Wir legen unser Wissen nun offen dar, um die anstehenden Evolutionsprozesse dieses Planeten bestmöglich zu unterstützen.

Das Schlüsselsymbol der Zeit.
Harmonisierung der Vergangenheit.
Zeitfreiheit.

Sentil

Sentil ist die Grundform des Mandalas Yesirah. Es eröffnet in der mythischen Geschichte den Zugang zum „Tripletten-Code" der persönlichen Zeitmatrix. Das bedeutet, dass wir mit Hilfe dieses Symbols den „richtigen Zeitpunkt" erkennen können.
Zeichne dazu das Symbol auf und trage es bei dir.

Harmonisierung der Vergangenheit
Eine weitere Anwendung dieses Symbols besteht darin, „Zeitreisen" zu unternehmen. Das bedeutet vor allem praktisch, dass wir auf vergangene Zeiten, in denen wir etwas Dramatisches erlebt haben, heilsame Energiemuster übertragen können.

Erinnere dich an die vergangene Zeit, aus der du etwas bedauerst.

Lege dir dafür das Symbol SENTIL, auf ein Blatt Papier gezeichnet, vor dich hin.
Stell dir vor, wie es dich an diesen Zeitpunkt aus der Vergangenheit heranbringt.
Gehe nun in diese Zeit soweit hinein, wie du magst. Spüre sie und beobachte, was du siehst, was du hörst, was du riechst.
Du bist nun der „Meister der Zeit“ und kannst diesen Zeitraum, den du gerade betreten hast, harmonisieren. Du kannst das, was du bedauerst, erlösen.
Nimm das Mandala YESIRAH zwischen deine beiden Hände.
Stell dir vor, wie die Mandalafrequenzen auf diesen Zeitraum einwirken.
Lass es solange wirken, bis du eine Erleichterung wahrnimmst.
Kehre dann wieder bewusst in die Gegenwart zurück, indem du das Symbol SENTIL betrachtest und dir vorstellst, wie es dich wieder in die aktuelle Zeit bringt.

Spüre nach, was sich in dir verändert hat.
Wie fühlt sich das Jetzt nun an?

Wir ändern durch dieses Ritual tatsächlich die Vergangenheit.
Denn wir ändern die Wirkung der Vergangenheit auf uns.
Und das ist eine konkrete Veränderung der Wirklichkeit.

Die Kraft des Wachstums.
Die Heilkraft der Heilkräuter.

Raju

Raju ist das archetypische Bild für das Wachstum von Pflanzen und vor allem von Heilkräutern. Wenn wir die Frequenzmuster des Mandalas auf Pflanzen übertragen, fördern wir deren Wachstum und bei Heilkräutern deren Heilkraft.

Praktische Anwendungen:

Stell bei Zimmerpflanzen vor dem Gießen das Gießwasser auf das Mandala und stell dir vor, wie die Mandalainformation auf das Wasser übergeht.

Du kannst das Mandala direkt bei den Pflanzen auflegen. Beobachte dann ihr Wachstumsverhalten.

Heilkräuter, Räucherwerk oder ätherische Öle können vor der Verwendung auf dieses Mandala gelegt werden.

Vor der Aussaat können die Samenkörner auf das Mandala gelegt werden. Wesentlich ist auch hier die bewusste Vorstellung, dass die Frequenzmuster von RAJU auf die Saat übergehen.

Auf den Menschen angewandt fördert das Mandala RAJU auf der energetischen Ebene ein gesundes Zellwachstum.

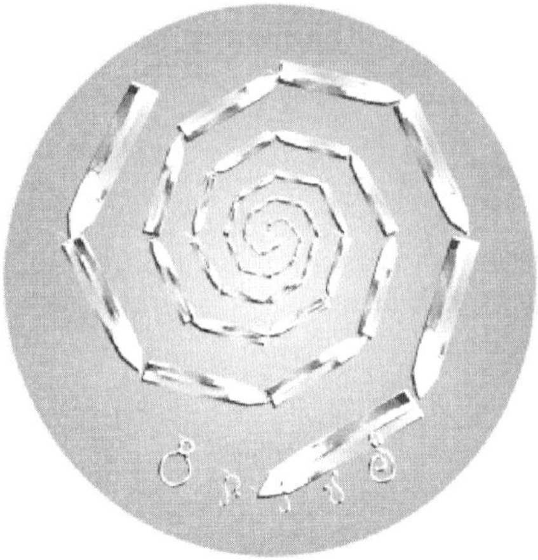

Gleichmäßiger Fluss
gegensätzlicher Pole.
Ausgleichung und Aktivierung.

KAJUL

KAJUL ist ein archetypisches Bild für die Harmonisierung von polaren Gegensätzen. Durch das Hineindrehen und Herausdrehen entsteht ein harmonisierendes Bewegungsmuster. Wir haben die Darstellung in Form von Kristallen gewählt, da wir dadurch auf die ausgeglichene, heile Form der Urmatrix anspielen.

KAJUL reinigt sämtliche **Chakren** und gleicht sie aus. Die Lebenskräfte werden dadurch aktiviert.
Ich kann dazu das Mandala auf das Scheitelchakra legen, oder es über meine Fußsohlenchakren in mich einströmen lassen, indem ich mich draufstelle.

Denselben Effekt erhalte ich dadurch, dass ich die Energie von KAJUL sowohl über meinem

Scheitel, als auch unter meinen Fußsohlen *visualisiere.*

Wir haben wiederholt beobachtet, dass **Rückenschmerzen** dadurch behoben werden konnten, dass das Mandala mit der Farbseite zum Körper weisend am Steißbein aufgelegt wurde. Wesentlich ist auch hier die bewusste Vorstellung, dass die harmonisierenden Frequenzmuster von KAJUL in uns aufgenommen werden.

Wird KAJUL in einen **Raum** gelegt, so harmonisiert es diesen.

Ich kann auch **größere Orte** (in freier Natur, wie auch in Wohngebieten oder an öffentlichen Plätzen) energetisch ausgleichen, indem ich mir bewusst vorstelle, wie die Mandalafrequenzen von RAJU auf diesen Orten übergehen. Hilfreich ist dabei vor allem die Visualisierung der Spiralbewegung KAJULS, die zuerst gegen den Uhrzeigersinn ins Zentrum dreht, und danach im Uhrzeigersinn von dort wieder herausdreht.

Indexverzeichnis

Lebensfreude	Acbahum, Koruun (1), Schamajahum (13)
Lebenskraft	Acbahum, Schamajahum (13)
Leichtigkeit	Christalin (11)
Loslassen	Nabudah (9)
Meditation	Koruun (1), Efata (10), Schamajahum (13)
Mut	Singapor
neue Wege	Naduhl (3)
Nervosität	Planui (5)
Öffnung	Efata (10)
Partnerschaft	Lambahtarah(2), Singapor (2)
reine Wahrheit	Maduril (7)
Reinigung von Edelsteinen	Acbahum
Reinigung von Räumen	Enuil (6)
Schaffensfreude	Lambahtarah & Singapor (2)
Schuldbewusstsein auflösen	Elshaddai Shikaina (12)
Schutz	Lambahtarah (2), Planui (5), Enuil (6)
Seelenpartner	Lambahtarah & Singapor (2)
Selbstzentrierung	Koruun (1), Efata (10)
Sexualität	Koruun (1)
Spiegelung	Maduril (7)
Strahlkraft	Maduril (7)
Telepathie	Naduhl (3)
Transformation	Enuil (6), Schamajahum (13)
Transparenz	Christalin (11)
Trauerarbeit	Christalin (11)

Rituale

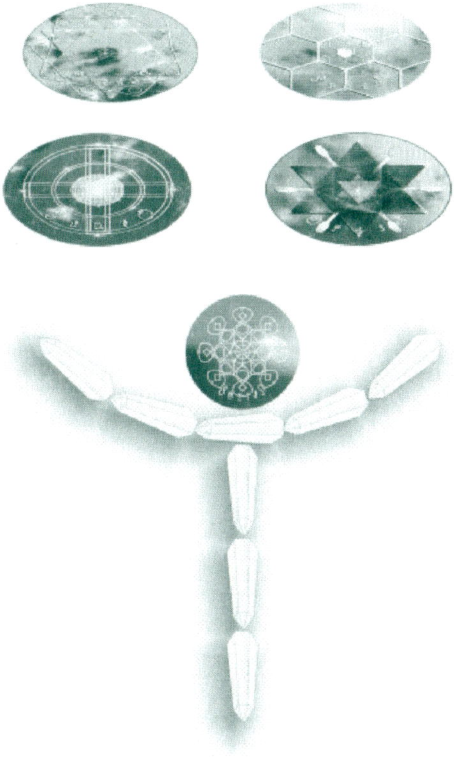

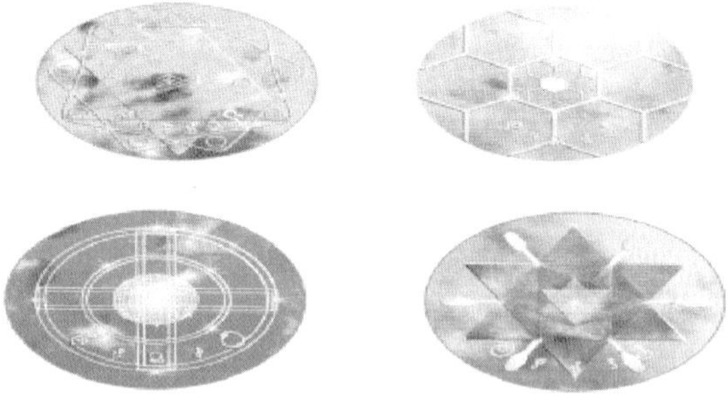

Ein Ort der Ruhe und Harmonie.
Ein Raum für hilfreiche Kräfte.
Eine Quelle der Kraft.

ALTAREINWEIHUNG

Unter einem „Hausaltar“ verstehen wir einen Ort, an dem ein ruhiges und für das gesamte Haus stärkendes Energiefeld aufgebaut wird. Wir können uns darunter eine energetische Kraftquelle vorstellen, welche alle an diesem Ort lebenden Menschen mit deren Urmatrix verbindet. Außerdem kann dieser Ort uns erfahrbar machen, dass wir mit unserem kosmischen Umfeld ein Bewusstseinskollektiv bilden, das – wenn wir es gestatten – uns in unseren Entwicklungsprozessen unterstützt. Als Altar kann uns ein kleiner Tisch dienen, eine Nische, aber auch ein Bereich im Garten oder in der freien Natur.

Das Einweihungsritual für den Hausaltar beinhaltet drei grundlegende Elemente:
Das Auflegen der **Gralsformation**, die Einladung der **kosmischen Begleiter** und die **vier Elemente**.

Unter der „Gralsenergie“ verstehen wir die jedem Menschen zugrunde liegende Fähigkeit, Selbstheilungskräfte in sich zur Entfaltung zu bringen. In der Gralsschale befindet sich sinnbildlich das Selbstheilungspotential, eine Schale, die sich *in uns* befindet und die sich niemals leert, die immer in ihrer Fülle bleibt. Das Auflegen der Gralsformation aktiviert diese Fähigkeit – in uns, wie auch im Wohnraum.
Unter den kosmischen Begleitern verstehen wir hilfreiche Kräfte aus unserem kosmischen Umfeld, die wir uns durchaus als Wesenhaft vorstellen können, oder genauer gesagt als Bewusstseinskollektive, in denen das Individuum relativ stark in den Hintergrund tritt. Wir wenden uns an diese hilfreichen Kräfte vor allem über die Bilder OG MIN und YESIRAH.
Die vier Elemente werden auf dem Altartisch symbolhaft dargestellt, um eine Verbindung der kosmischen Ebene mit der irdischen Ebene auszudrücken.

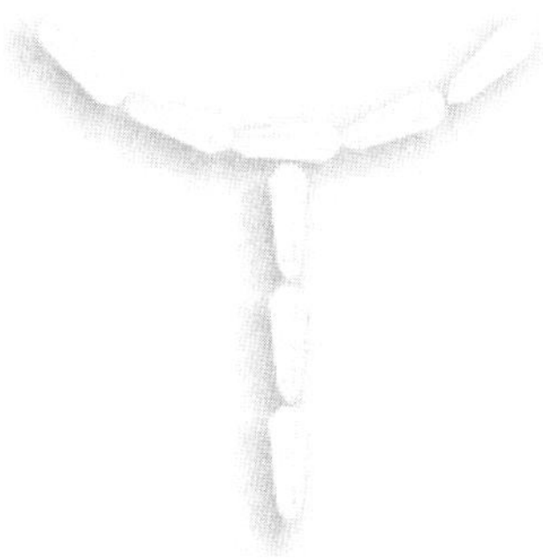

8 Kristallspitzen, die in der Gralsformation aufgelegt wurden.

Das Ritual

Wir beginnen das Einweihungsritual mit einer Räucherung des Raumes. Dann legen wir in die Mitte des Altars acht Kristallspitzen, die wir zuvor mit der YESIRAH-Energie informiert haben, in der **Gralsformation** auf (siehe Abbildung). In die sich dadurch bildende Schale legen wir jene Gegenstände (Edelsteine, Kerzen, Räucherwerk...) hinein, die den Altar schmükken werden.

Auch jenes Weiheöl (z. B. Wildrosenöl), das wir für dieses Ritual noch verwenden werden, kommt in diese Schale. Dieses Öl wurde zuvor bereits mit dem Mandalas ACBAHUM, RAJU und EFATA informiert.
Wir laden nun unsere **kosmischen Begleiter** ein, dieses Ritual zu begleiten. Das Sternenvolk der OG MIN und das Kollektiv der YESIRAH können wir zudem ersuchen, von nun an hier, an diesem Altar, solange anwesend zu bleiben, solange dieser Altar existiert. Stellen wir uns vor, wie diese Bewusstseinskollektive an diesem Orten –an unserem Hausaltar – einen energetischen Ankerpunkt setzen, den sie fortan mit ihren lichtvollen Energien versorgen.

Der Einladungsspruch kann beispielsweise folgenden Wortlaut haben:
„Kraft unseres göttlichen Bewusstseins, das wir sind,
und kraft der göttlichen Liebe, die wir sind,
laden wir das Sternenvolk der OG MIN
und das Kollektiv der YESIRAH ein,
an diesem Altar solange Raum zu nehmen,
solange dieser existiert.“

Wir **beklingen** nun den Altar mit geeigneten Musikinstrumenten (z. B. mit einer Klangschale oder einer Zimbel).

Danach werden an den vier Eckpunkten des Altartisches (bei andersförmigen Tischen in einem beliebigen Viereck) entsprechend der **vier Elemente** bestimmte Mandalaenergien aktiviert. Durch die bewusste Darstellung der Zahl 4 erhält die Wirksamkeit des Altars eine konkrete Form, eine Verwirklichungskraft. Wir nehmen dazu das Weiheöl, befeuchten damit die vier Eckpunkte, legen das Mandala darüber und aktivieren es bewusst. Folgende Zuordnungen sind hierfür empfehlenswert:

- NABUDAH für das Element **Wasser** im linken hinteren Eck. Diese Kraft bringt die Energien dieses Raumes ins Fließen.

Element Wasser

- LYDRO steht für das Element **Erde** und für die Verwirklichung im linken vorderen Eck. Jedem Vorhaben, das im Sinne des Ganzen von diesem Ort ausgeht, soll fortan jede kosmische Unterstützung zuteil werden.

Element Erde

- ENUIL repräsentiert das Element **Feuer** und liegt am rechten vorderen Eckpunkt. Alle ungünstigen Kräfte, die auf diesen Ort einwirken wollen, werden durch die Kraft des Feuers transformiert.

Element Feuer

- NADUHL stellt das Element **Luft** dar und wird im rechten hinteren Eckpunkt aktiviert. Diese Energieform steht für die Verzweigung und Ausdehnung, für Leichtigkeit und für die Erweiterung unseres Bewusstseins.

Element Luft

Zum Abschluss wird das Symbol ELIM über den Altar gezeichnet, um ihn zu öffnen. In diesen geöffneten Zustand wird die Mandalaenergie von **ELSHADDAI SHIKAINA** eingebracht, die Kraft der Heilung und des Se-

ELIM

OOM

gens. Nimm dazu das Mandala zwischen deine Hände und stell dir vor, wie diese Energiemuster auf den Altar übergehen.
Um das entstehende **Energiefeld dauerhaft zu stabilisieren** zeichne das Symbol OOM über den Altar. Aktiviere dann bewusst die einhüllenden Energiemuster von PLANUI über dem Altar und bedanke dich abschließend bei allen hilfreichen Kräften, die dich während des Rituals begleitet haben. Damit ist das Einweihungsritual abgeschlossen.

Wir haben festgestellt, dass ein derart eingeweihter Altar eine stark förderliche und harmonisierende Wirkung auf all unsere Lebensbereiche hat. Der Altar strahlt weit über unseren eigenen Wohnraum hinaus.

Mensch zu Mensch, die Liebesenergie.
Mensch zu Mutter Erde, die Verwurzelung.
Mensch zu Kosmos, die erweiterte Wahrnehmung.

EINWEIHUNGSRITUALE

Die drei folgenden Einweihungsrituale aktivieren im Menschen drei Kraftzentren:

Das Herzchakra zur Aktivierung der Liebesfähigkeit.

Das Wurzelchakra für die Wahrnehmung der Verbundenheit mit der Mutter Erde.

Das dritte Auge für eine erweiterte Wahrnehmungsfähigkeit.

Der Mensch wird bei diesen Ritualen nicht in etwas eingeführt, was ihm fremd ist. Es geht bei diesen Ritualen vielmehr darum, dass im Menschen Kräfte frei werden, die er bereits in sich trägt, die sich aber möglicherweise noch nicht in ihrer vollen Kraft entfaltet haben.

Ein ganz wesentlicher Punkt besteht darin, dass jeder diese Rituale durchführen kann,

sofern er oder sie sich dazu fähig fühlt. Es bedarf also keiner Befähigung oder Autorisierung von außen. Grundlagen hierfür sind die Eigenverantwortlichkeit und das Erkennen der eigenen Fähigkeiten.
Die Ritualsleiter sind sozusagen Moderatoren eines rituellen Festes, haben aber nicht die Aufgabe, aus ihrer Kraft heraus die Energien bei jenen Menschen, die eingeweiht werden, zu aktivieren. Denn die Aktivierung der Energien kann letztendlich nur von dem, der eingeweiht wird, selbst vollzogen werden. Die Ritualsleiter sind Akteure, die nichts aus eigener Kraft heraus erwirken, sondern die Energien reinen Herzens durch sich hindurch fließen lassen. Sie sind Mittler für hilfreiche Kräfte und ihre Hauptaufgabe besteht darin, die Rahmenbedingungen so zu stellen, dass die Teilnehmer des Rituals sich selbständig an ihr eigenes Potential erinnern können.

Der Ablauf der Rituale kann nach eigenem Ermessen ausgeschmückt und erweitert werden, sollte aber in seiner Grundstruktur wie beschrieben beibehalten werden. Denn durch die Wiederholung eines bestimmten Ablaufs werden die jeweiligen Programme verstärkt in das morphogenetische Feld eingespeist, wodurch ihre Wirksamkeit nach und nach ansteigt.

Der persönliche Ritualsstein.

Die Ritualsteilnehmer tragen bei allen drei Ritualen einen Edelstein bei sich. Wer jedes Ritual durchlaufen will, sollte dabei immer denselben Ritualsstein verwenden. Dieser wird so zu einem Träger einer speziellen Energie und zu einem sehr persönlichen Stein, der den Menschen an seine eigenen Potentiale erinnern kann.

Die Aktivierung des Herzchakras

In diesem Ritual verbinden wir uns zuerst mit den beiden Bewusstseinsebenen *Mensch zu Kosmos* und *Mensch zu Mutter Erde*. Diese Verbindung erzeugt in uns einen neuen Energiefluss. Danach wird unsere Liebesfähigkeit in Schwingung versetzt, über die wir mit dem Kollektiv *Mensch zu Mensch* in eine Einheit treten.

Die Teilnehmer stimmen sich auf das bevorstehende Fest ein. Dazu sind entsprechende Musikinstrumente, wie Gong, Klangschalen usw. empfehlenswert.

Reinigung und Vorbereitung der persönlichen Ritualssteine.

Jeder Teilnehmer sollte einen Edelstein mitbringen. Diese werden auf das Mandala Acbahum gelegt, um gereinigt und aktiviert zu werden. Die Steine berühren einander. Um diese Steine zieht der Ritualsleiter mit seiner Hand einen Kreis. Dadurch entsteht eine energetische Kugel, was für die Reinigung besonders effizient ist.
Während die Steine die klärenden und stärkenden Mandalafrequenzen von Acbahum aufnehmen, werden die Ritualsteilnehmer mittels einer Räucherung gereinigt. Dazu wird der Rauch eines geeigneten Räucherwerks in die Aura der Teilnehmer eingefächelt. Bei Ritualen in geschlossenen Räumen wird da-

nach der Rauch durch die geöffneten Fenster entlassen.

Anschließend löst der Ritualsleiter den Kreis um die Steine auf, indem er ihn „wegwischt“. Die Teilnehmer nehmen nun ihren eigenen Stein an sich. Sie halten ihn über ihr eigenes Herz und heißen ihn liebevoll willkommen.

Kristalle in der Gralsformation mit dem Mandala KORDULAH.

Der Ritualsleiter legt nun 8 mitgebrachte besonders schöne Kristalle in der Gralsformation (siehe Abbildung) auf. Diese Steine sollten bereits vor dem Ritual gereinigt und mit dem Mandala YESIRAH informiert worden sein. Besonders empfehlenswert sind dafür Amethyste oder Ametrine.
In der Schale dieser Formation liegt ein KORDULAH-Mandala.

Die Teilnehmer bringen nun ihren eigenen Stein zu einer Räucherschale und lassen den Rauch darüber streichen.
Der Stein wird dann in die Schale der Gralsformation gelegt. Wenn alle Steine darin ihren Platz gefunden haben, zieht der Ritualsleiter wieder einen Kreis um sie herum.

Energetische Verbindung der *Brükke* mit den *Knöchelpunkten*.

Danach gehen die Ritualsleiter zu den einzelnen Teilnehmern und zeichnen mit einem eigenen Kristall (der ebenfalls bereits mit KORDULAH programmiert sein sollte) eine zweifache Spirale um deren Körper in die Aura ein. Die Spirale beginnt ca. einen Meter über dem

Scheitel, läuft gegen den Uhrzeigersinn mehrfach um den Körper und endet zwischen den Füßen an der Innenseite der Knöchel. Danach steigt die Spirale wieder hoch, diesmal im Uhrzeigersinn, und führt wieder an den Punkt über dem Scheitel des Teilnehmers zurück.
Dadurch werden zwei wesentliche Punkte in unserem Energiekörper aktiviert und miteinander verbunden: Einen Meter über dem Scheitel befindet sich ein Energiezentrum, das wir als *Brücke* bezeichnen. Wir besitzen durch dieses Energiezentrum die Fähigkeit, reine kosmische Energie sowie Informationen aus einer transzendenten kosmischen Ebene zu empfangen.
Dieser Punkt ist mit zwei weiteren Energiezentren verbunden, die sich an der Innenseite unserer Füße, zwischen Knöchel und Ferse, befinden. Diese Energiezentren vereinigen uns mit dem Bewusstseinskollektiv der Erde und verwurzeln uns.
Wenn wir nun die *Brücke* mit den *Knöchelpunkten* verbinden, symbolisieren wir damit, dass wir sowohl mit den kosmischen Kollektiven, als auch mit den Kollektiven der Erde *eins* sind. Wir verbinden dadurch bewusst die Ebene des Menschen mit hilfreichen kosmischen Bewusstseinsebenen und mit dem kollektiven Bewusstsein des Planeten Erde.

Wurde dies bei jedem Teilnehmer vollzogen, löst der Ritualsleiter den Kreis um die Steine wieder auf. Die Teilnehmer nehmen ihren Stein an sich.

Ahn

Zum Abschluss geht der Ritualsleiter nochmals zu den einzelnen Teilnehmern und zeichnet mit dem persönlichen Stein des Teilnehmers das Zeichen Ahn über dessen Herzchakra. Dies aktiviert die Herzenswärme und die Liebesfähigkeit. Dies aktiviert auch die Fähigkeit, das Kollektiv *Mensch zu Mensch* bewusst wahrzunehmen.
Der neue Energiefluss, die Verbindung der menschlichen Ebene mit der kosmischen Ebene, läuft nun über die Herzensebene und verbindet uns durch die Liebeskraft mit dem Kollektiv Mensch.

Eine kurze Meditation beendet dieses Ritual.

Die Verwurzelung

Immer dann, wenn in unserem irdischen Leben etwas zu Ende geht, an dem wir sehr gehangen haben, beginnt in uns ein Prozess des Fallens. Wir sinken in eine Tiefe hinab, die unserer menschlichen Seele aus den bereits gesammelten Erfahrungen dieser oder vorangegangener irdischer Inkarnationen durchaus bekannt ist – wir sinken in den Schoß der Erde hinab. Haben wir den tiefsten Grund erreicht und berühren diesen, so erleben wir ein sanftes *grünes Leuchten*, das aufgrund unserer Berührung aus dem Inneren der Erde aufsteigt. Und je öfter wir den tiefsten Grund mit unseren Fingerspitzen berühren, desto intensiver wird dieses grüne Licht. Wir haben jenen Bereich betreten, der für die Dauer unserer menschlichen Existenzen den nährenden Ur-

grund darstellt. Von dort beziehen wir die Lebenskraft für unsere Erdenwege.
Im mythischen Bild gibt es eine Beziehung zwischen dem Inneren der Erde und unserer Sonne. Die Erde korrespondiert über ihren Kern, den wir daher als *solaren Kern* bezeichnen, mit der Kraft der Sonne. Es zieht sich eine transzendente Nabelschnur vom Erdkern zur Sonne hin. Dieses mythische Bild zeigt symbolisch an, dass alles Leben auf der Erde von der Sonne gespeist wird.
In diesem Bild wird der solare Kern der Erde als pulsierende, rote Kraftquelle beschrieben. Von dort steigt eine Energie auf, die sich in der Erdkruste zum bereits angesprochenen *grünen Leuchten* wandelt. Dorthin reichen unsere energetischen Verwurzelungen über unseren *Solarplexus*, solange wir Menschen sind. Auch hier können wir uns eine transzendente Nabelschnur zwischen dem grünen Leuchten und unserem Energiekörper vorstellen.

Das folgende Ritual greift diese Bilder auf. Wir verbinden uns über unseren Solarplexus mit dem grünen Leuchten im Erdinneren. Dadurch stärken wir unsere Verwurzelung. Von dort ausgehend sind wir über den solaren Kern der Erde mit der Sonne verbunden. Daher aktivieren wir mit den Frequenzen des Sonnenmandalas MADURIL unsere Verwurzelung. Als weiteres Frequenzmuster verwenden wir das Mandala OG MIN, welches ein mythisches Volk symbolisiert, das die evolutive Entwicklungsgeschichte der Erde initiiert hat.

Reinigung und Vorbereitung der persönlichen Ritualssteine.

Das Ritual beginnt mit einer Einstimmung. Die mitgebrachten Ritualssteine der Teilnehmer werden zur Reinigung auf das Mandala ACBAHUM gelegt.
Die Ritualsleiter laden bewusst das Sternenvolk der OG MIN ein, diese Feier zu begleiten. Da die OG MIN einstmals die Initialzündung für das organische Leben auf diesem Planeten gegeben haben, sind sie für die Aktivierung der Lebensurkraft eine wertvolle Unterstützung.
Nun folgt eine Räucherung, bei der jeder einzelne Teilnehmer eine energetische Reinigung seiner Aura erfährt. Die Teilnehmer nehmen danach ihren Ritualstein wieder zu sich.
Der Ritualsleiter legt nun 7 mitgebrachte Bergkristallspitzen mit der Spitze nach innen weisend auf das Mandala MADURIL. Diese Kristalle sollten bereits vor dem Ritual mit ACBAHUM gereinigt und mit MADURIL informiert worden sein. In die Mitte dieser Formation wird ein weiterer Edelstein gelegt, am besten ein *grüner Turmalin*. Die gesamte Gruppe verankert nun rituell die Energie von MADURIL an diesem Ort.

Der Ritualsleiter zeichnet danach mit der offenen Hand die Rechts-Links-Spirale über das Energiefeld.

Die Teilnehmer gehen danach mit ihrem persönlichen Ritualsstein zu dieser Formation. Der Weg dorthin kann in einer Spiralform begangen werden, im Uhrzeigersinn hinein- und gegen den Uhrzeigersinn herausführend (siehe Abbildung).

Der persönliche Stein wird an eines der Kristallenden der Formation hinzugefügt. Nach dem Ablegen des eigenen Steines verweilen die Ritualsteilnehmer einen Moment an diesem Ort. Jeder Teilnehmer legt die linke Hand auf den Solarplexus und zeichnet mit der rechten Hand die Rechts-Links-Spirale über die Formation. Er stellt sich dabei mental auf *das grüne Leuchten* aus dem Inneren der Erde ein. Sie können sich vorstellen, wie auf einer transzendenten Ebene von ihrem Solarplexus eine Energie ausgeht, die sich mit dem grünen Leuchten verbindet. Sie können sich weiters vorstellen, wie dadurch eine neue Kraft ihren Körper durchströmt. Dadurch haben die Teilnehmer ihre eigene kräftigende Verwurzelung mit der Erde neu aktiviert.

Zum Abschluss des Rituals nimmt der Ritualsleiter den grünen Turmalin aus der Mitte der Steinsformation heraus. Jedem einzelnen Teilnehmer wird damit die Rechts-Links-Spirale (von außen nach innen im Uhrzeigersinn und von innen nach außen gegen den Uhrzeigersinn drehend, siehe Abbildung) über den Solarplexus gezeichnet.

Die Rechts-Links-Spirale

Die Teilnehmer nehmen ihren Stein danach aus der Formation wieder an sich und begrüßen ihn, indem sie ihn über ihren Solarplexus halten und mental damit eine Beziehung aufbauen.

Die lunare Taufe

In diesem Ritual wird das dritte Auge aktiviert und für eine erweiterte Wahrnehmung geöffnet. Jeder Mensch hat potentiell die Fähigkeit, die Welt in großen Zusammenhängen zu begreifen, indem er z. B. erkennt, dass alles mit allem in Form von kollektiven Bewusstseinsebenen verbunden ist. Daraus ergibt sich die Wahrnehmung und Erfahrung des eigenen Lebensplanes in der Verwobenheit mit Gesamtheiten. Wenn wir uns als Teil dieser Gesamtheiten begreifen, wird alles viel weiter und vor allem freudvoller.

Der Mensch wird durch dieses Ritual daran erinnert, dass er zwischen zwei Wahrnehmungsebenen bestehenden Realitäten bewusst wechseln kann: Der linearen, alltäglichen und der transzendenten umfassenderen Wahrnehmung. Beide Wahrnehmungsebenen sind gleichermaßen von Bedeutung, wobei der Mensch allerdings die transzendente kaum geschult hat.

Um die transzendente Wahrnehmung wieder zu aktivieren, verwenden wir in diesem Ritual folgendes Bild: Stellen wir uns vor, dass der Mensch in der Mitte seiner Stirn auf der transzendenten Ebene eine *silberne Scheibe* trägt, das so genannte dritten Auge. Diese silberne Scheibe steht mythisch-bildhaft mit der Silberscheibe des Mondes in Verbindung. Der Mond wird in den archetypischen Bildern mit dem Element Wasser und vor allem mit der Intuition in Beziehung gesetzt. Daher symbolisiert diese Assoziation zwischen dem dritten Auge und dem Mond (beides sind silberne Scheiben), dass wir über das dritte Auge zu einer *intuitiven* Wahrnehmungsfähigkeit

Die Aktivierung der *silbernen Scheibe des dritten Auges.*

gelangen. Bildhaft erwecken wir im Ritual die silberne Scheibe unseres dritten Auges aus dem Dornröschenschlaf und versetzen sie in eine klare, frische rotierende Bewegung.

Die Erweckung unserer Intuition soll dann mit der intellektuellen, mentalen Ebene (die uns allen bestens vertraut ist) in eine harmonische Beziehung treten. Intuition alleine birgt in sich die Gefahr der Abgehobenheit, während die mentale Ebene alleine starr und bewegungslos werden kann. Verbinden wir aber beide Ebenen miteinander, kann dies für uns zu einer großartigen kreativen Kraftquelle werden.

Am wirkungsvollsten ist dieses Ritual um Vollmond, da eine direkte Verbindung zwischen der transzendenten Wahrnehmungsfähigkeit, dem Licht des Mondes und dem Element Wasser besteht.
Die Teilnehmer bringen einen vorbereiteten Edelstein mit. Dieser sollte mit ACBAHUM gereinigt werden. Danach wird er in der Nacht vor dem Ritual mit der Wasserenergie informiert, indem er in ein Wasserglas gelegt wird, welches auf dem Mandala NABUDAH steht und möglichst über Nacht dem Mondlicht ausgesetzt wird. Die Teilnehmer können dieses Wasser am Morgen trinken.

Reinigung und Vorbereitung der persönlichen Ritualssteine.

Am Beginn des Rituals werden die Kristalle der Teilnehmer nochmals auf das Mandala ACBAHUM gelegt, sodass sie einander berühren. Der Ritualsleiter zieht mit seiner Hand einen Kreis um die Steine. Währenddessen stimmen sich die Teilnehmer auf das Ritual ein.

Der Ritualsleiter löst dann den Kreis um die Steine mit einer wischenden Handbewegung wieder auf. Die Teilnehmer nehmen ihren Stein zu sich, halten ihn über ihr drittes Auge und begrüßen ihn.

Aufbereitung der persönlichen Ritualssteine mit NABUDAH.

Der Ritualsleiter stellt nun mehrere größere Wasserschalen jeweils auf ein NABUDAH-Mandala. Die Teilnehmer legen ihre Edelsteine in diese Schalen und zeichnen das Symbol OHN (siehe nächste Seite) darüber. Dadurch wird die NABUDAH-Information aufgenommen.

Reinigung durch das Element Wasser.

Hier findet eine Meditation statt, um den Edelsteinen für die Aufnahme der Mandalafrequenz und der gesamten Ritualsatmosphäre die entsprechende Zeit zu geben. Auch das Wasser, in dem die Edelsteine liegen, nimmt die fließende Schwingung von NABUDAH in sich auf.

Nun gehen die Teilnehmer zu den Wasserschalen, zeichnen nochmals das Symbol OHN darüber und benetzen mit dem Wasser

- das dritte Auge
- die physischen Augen
- das Herzchakra
- den Solarplexus und
- die Handinnenflächen.

Danach nehmen sie ihren Stein aus der Schale heraus.

Zum Abschluss geht der Ritualsleiter mit einem Öl (z. B. *reines* Rosenöl) zu den einzelnen Personen. Dieses Öl wurde vor dem Ritual vorbereitet, indem es zuerst für einige Zeit (zumindest aber für 10 Minuten) auf dem Pflanzenmandala RAJU gestanden ist. Danach wurde das Öl auf das Mandala EFATA gestellt, um eine sanft öffnende Schwingung aufzunehmen.
Der Ritualsleiter zeichnet mit dem Edelstein des Teilnehmers das Symbol OHN in dessen Handinnenflächen. Dies bringt das gesamte energetische System des Menschen ins Fließen. Danach zeichnet er mit dem Öl das Symbol RAHA auf das dritte Auge des Teilnehmers und sagt „Efata" – *öffne dich für die reine intuitive Wahrnehmungsfähigkeit.*
Sowohl Ritualsleiter, als auch Teilnehmer stellen sich währenddessen vor, wie dadurch die silberne Scheibe des dritten Auges beim Teilnehmer in eine rotierende Bewegung versetzt wird. Sie stellen sich weiters vor, wie diese intuitive Wahrnehmungsfähigkeit mit der gewohnten mentalen Wahrnehmungsfähigkeit zu einer Einheit verschmelzen.
Eine Meditation beendet dieses Ritual.

In der Folge kann der Teilnehmer sich an diese Erweiterung seines Wahrnehmungsfeldes erinnern. Der Ritualsstein kann dabei als Impulsgeber für die umfassende Wahrnehmung dienen, indem wir ihn berühren und uns an unsere Fähigkeiten erinnern.

OHN

Zeichne das Symbol von unten nach oben.

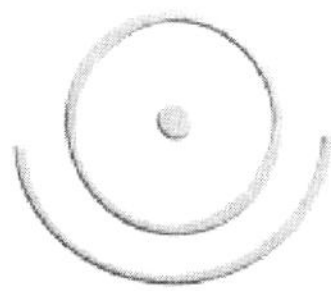

RAHA

Rituale mit der Mutter Erde

Wir beschreiben in diesem Kapitel drei Rituale, durch die sich der Mensch dem Bewusstseinskollektiv der Mutter Erde zuwenden kann. Häufig werden solche Rituale als „Erdheilungsrituale" beschrieben. Diese Bezeichnung vermittelt den Eindruck, dass der Mensch die Erde heilen könnte. Nach unserer Wahrnehmung stimmt dies allerdings nur bedingt. Denn das, was der Mensch heilen könnte – und auch sollte – ist *seine Beziehung* zur Mutter Erde, zur Wesenheit Terra Gaia. Wenn sich der Mensch der innigen Beziehung zu unserem Planeten wieder bewusst wird, hat das in der Tat heilsame Auswirkungen auf die Erde selbst. Denn die Beziehungskrise zwischen Mensch und Erde löst in unserem Planeten unangenehme Dissonanzen aus, unter denen der Planet leidet. Am meisten aber leidet darunter der Mensch selbst, auch wenn er sich dessen zumeist nicht bewusst ist.

Die Mutter Erde ist bereit, die Beziehung mit dem Menschen zu harmonisieren, ohne ihn wie eine lästige „Hautkrankheit" abzuschütteln. Es wird eine der wesentlichen Aufgaben der jetzigen und der kommenden Generation des Menschen sein, bewusst Schritte zur Harmonisierung der Beziehung mit der Erde zu setzen.

Wir wollen in diesem Kapitel drei rituelle Möglichkeiten dafür darstellen.

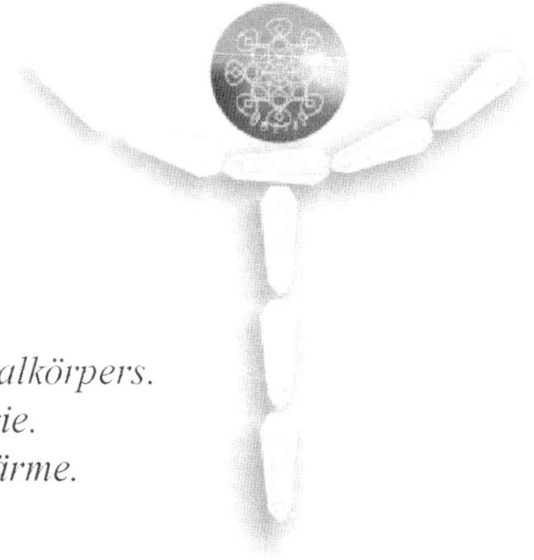

Die Ausheilung des Emotionalkörpers.
Die reine Gralsenergie.
Klarheit und Herzenswärme.

Die Aktivierung der Gralsenergie

Der Gral ist ein mythisches Bild, das bereits in den vorchristlichen Kulturen existiert hat. Später wurde es in manchen Erzählungen als eine Schale beschrieben, in der das Blut Christi aufgefangen wurde, und die dadurch sagenhafte Heilkräfte besaß.
Wir verstehen unter dem Gral das archetypische Bild für eine empfangende Schale, welche ihre Kraft aus transzendenten Ebenen bezieht und diese auf die irdische Ebene überträgt. Oder anders ausgedrückt: Der Gral ist das sinnbildliche Verbindungsstück zwischen den fördernden, transzendent kosmischen Bewusstseinsebenen und der Bewusstseinsebene Mutter Erde. Dieser Austausch zwischen Kosmos und Erde bezieht sich vor allem auf die emotionalen Bereiche. Ein Ort mit einem aktiven Energiefluss zwischen Kosmos und Erde fördert die Regenerationskraft vor allem auf den emotionalen Ebenen.

Dies ist durchaus umlegbar auf die Schlafphasen des Menschen. Im Schlaf befindet sich der Mensch offensichtlich auf einer anderen Ebene, die durchaus als „transzendent“ verstanden werden kann. Dort findet im Normalzustand (bei erholsamem Schlaf) eine Verarbeitung aller Erlebnisse der vergangenen Zeit, vor allem des Vortages, statt, wobei es vor allem um eine Regeneration des Emotionalkörpers geht.

Wir gehen davon aus, dass jeder Mensch in sich einen Zugang zu Frequenzmustern hat, welche die Regeneration seines Emotionalkörpers bewirken. Genauso besitzt nach unserer Wahrnehmung jeder Raum, jeder Ort und die Erde als Gesamtheit solche Frequenzmuster in sich. Wenn wir diese „anklingen“, geraten sie in Schwingung wie die Saiten einer Gitarre. Dadurch treten sie in ihre Wirksamkeit ein.

Im folgenden Ritual geht es genau um das Anklingen dieser Regenerationskraft. Führen wir dies an einem Ort durch, wenden wir uns dabei der Mutter Erde zu. Denn wir bringen ein Frequenzmuster in ihr zum Klingen, das wir genauso auch in uns tragen.
Wir werden diesen Ort danach harmonischer wahrnehmen. Dieses Ritual eignet sich auch für Schlafräume, um dort erholsamen Schlaf zu finden.

Das Ritual

Reinige 8 Bergkristallspitzen oder Ametrine mit ACBAHUM und befreie sie von sämtlichen Programmierungen. Danach werden sie auf das Mandala YESIRAH gelegt, um diese Frequenzmuster darauf zu übertragen. Das Mandala YESIRAH symbolisiert vor allem die Fähigkeit, emotionale Dissonanzen und Angstzustände auszugleichen.

Die Kristallspitzen werden nun in der abgebildeten Formation am Boden aufgelegt. In der Schale führen die Kristallspitzen im Uhrzeigersinn, während die unteren drei Kristalle nach unten zeigen. In der Schale selbst liegt das Mandala YESIRAH.

Reinigung und Vorbereitung der Ritualssteine.

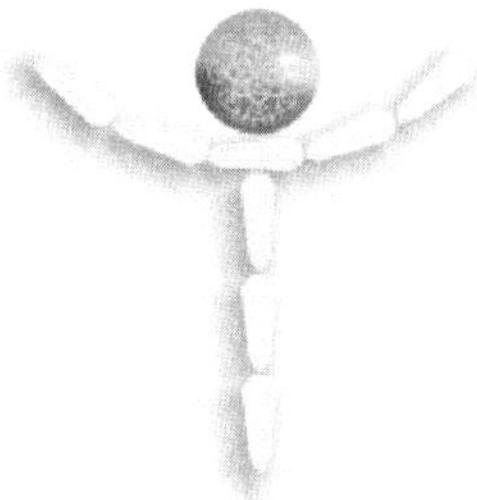

Die Gralsformation, dargestellt durch die Kristallspitzen.

Der folgende Übertragungsspruch aktiviert die *reine Gralsenergie* an diesem Ort:

„Kraft meines göttlichen Bewusstseins, das ich bin,
und kraft der göttlichen Liebe, die wir sind,
schenke ich diesem Ort die reine Gralsenergie.
Möge sie an diesem Ort solange wirksam bleiben, solange dieser existiert.
Ich segne die reine Gralsenergie und bedanke mich.“

Die Steine sollten nun einige Zeit (zumindest aber 10 Minuten) an diesem Ort und in dieser Formation liegen bleiben. Die emotional-energetische Atmosphäre klärt sich hier sehr rasch und anhaltend.

Die Übertragung der Gralsenergie auf einzelne Steine

Die Übertragung der Gralsenergie auf einzelne Edelsteine.

Wir können einzelne Steine mit der Gralsenergie programmieren. Wenn wir diese Steine mit uns tragen, erinnern wir unser Energiesystem an unsere eigenen Selbstheilungskräfte und an unsere Regenerationskraft. Dies macht vor allem dann Sinn, wenn wir unter Schlafstörungen oder unter Angstzuständen leiden. Lege dazu wie oben beschrieben die 8 Kristallspitzen oder 8 Ametrine wie oben am Boden auf. Jene Steine, welche die Gralsenergie empfangen sollen, werden in die „Schale", welche durch die oberen 5 Kristallspitzen gebildet wird, hineingelegt. Am besten eignen sich für die Aufnahme dieser Frequenzmuster Ametrine.

Mit folgendem Spruch übertrage ich das Programm der reinen Gralsenergie auf diese Steine:

„Kraft meines göttlichen Bewusstseins, das ich bin,
und kraft der göttlichen Liebe, die wir sind, schenke ich diesen Steinen die reine Gralsenergie.
Möge sie auf diesen Steinen solange wirksam bleiben, solange diese existieren.
Ich segne die reine Gralsenergie und bedanke mich."

Die Übertragung der Gralsenergie auf einen Ort.

Wenn ich einen derart informierten Stein in meiner linken Hand trage, kann ich über meine rechte Hand allein durch Berührung harmonisierende Energien **auf einen Ort** übermitteln. Besonders wirkungsvoll ist dies, wenn eine Gruppe von mehreren Menschen gleichzeitig an vielen Stellen dieses Ortes Lichtpunkte setzt. Besonders für emotional belastete Orte kann dies äußerst heilsam sein.

Die Übertragung der Gralsenergie auf den eigenen Energiekörper.

Eine weitere sehr wirksame Anwendung für die Steine mit der *reinen Gralsenergie* besteht darin, diese harmonisierende Kraft **auf den eigenen Energiekörper** (auf die eigenen kristallinen Gitternetze) zu übertragen.
Lass dir von einem dir vertrauten Menschen mit einem Stein, der die Gralsenergie in sich trägt, den kosmischen Ton Ahn in die Aura einzeichnen. Dies löst ungünstige emotionale Ladungen in die auf und heilt deinen Emotionalkörper.
Dies kann natürlich auch in der therapeutischen Praxis sehr gute Erfolge bringen.

Die Verwurzelung.
Der solare Kern der Erde.
Die Lebensurkraft.

Die rote Kraft der Erde

Die rote Kraft der Erde ist jene Urkraft, die uns das irdische Leben ermöglicht.

Wie schon beim Ritual der „Verwurzelung" (Seite 218) beschrieben, gibt es eine mythische Beziehung zwischen dem Solarplexus des Menschen, dem „solaren" Kern der Erde und der Sonne. Wir begreifen dies als eine *Beziehung der Kraft*.

Der Kern der Erde wird in diesem Bild als rote, pulsierende Kraftquelle beschrieben, die Frequenzmuster erzeugt, welche der Mensch über seinen Solarplexus in sich aufnehmen kann. Dies ist die nährende Lebenskraft, die wir Menschen für unsere irdische Existenz benötigen. Im Moment sind sehr starke Schwankungen im Erdmagnetfeld zu beobachten, welches sich möglicherweise umzupolen beginnt. Dies hat direkte Auswirkungen auf unsere Befindlichkeit. Ein sinnvoller Weg, in dieser Umpolungs- und Wandlungsphase der Mutter Erde mit den Veränderungen mitzugehen, besteht darin, sich wieder mit

der irdischen Urkraft zu verbinden. Tun wir dies nicht, kann es sein, dass wir unter „unerklärlichen" körperlichen Symptomen zu leiden haben. Wenn wir uns nämlich in die Veränderungsbewegung nicht einbegeben und uns dagegen sträuben, kann dies in uns heftige Dissonanzen auslösen, die körperlich spürbar werden.
Wenn wir uns allerdings der roten, irdischen Urkraft wieder zuwenden und sie in uns aufnehmen, so werden wir alles erhalten, was wir in dieser Veränderungsphase benötigen. Dies ist ein wesentlicher Aspekt des Rituals zur roten Kraft der Erde.

Die rote Kraft der Erde erschafft die Form der Gitternetze. Menschliche Fehlprogramme verzerren diese Form. Durch die bewusste Zuwendung an die reine Ursprungsform findet eine Klärung der Gitternetze statt.

Einen weiteren Aspekt können wir anhand des folgenden Bildes verdeutlichen:
Der rote solare Kern der Erde strahlt pulsierend rote Energiemuster aus. Diese treffen auf die feste äußere Erdkruste auf und formen sich dort zu energetischen Gitternetzen aus, die wir uns als transzendente kristalline Strukturen vorstellen können. Das Auftreffen der roten Kernenergie auf die Erdkruste kann sich als jenes grüne Leuchten ausdrücken, das wir im Zusammenhang mit der Verwurzelung beschrieben haben (ab Seite 218). Der rote Erdkern ist wie das Herz der Erde, das in bestimmten komplexen Rhythmen schlägt. Diese Rhythmen erzeugen in der Erdkruste die Form der Gitternetzstrukturen.
Auch der Mensch wirkt durch sein Bewusstsein auf die Gestalt des kristallinen Gitternetzes der Erde ein. Die täglichen Gedanken und Emotionen von zurzeit sechs Milliarden

Menschen sind eine gigantische energetische Kraft. Da sich in den Gedankenmustern und Emotionen der Menschen eine Vielzahl von „Fehlprogrammen" (wie Mangelbewusstsein und Angst) befinden, verzerrt dies die natürliche Form der kristallinen Gitternetzstrukturen. Anstelle der Urform, der Urmatrix „krümmen" sich die Gitternetze und es werden verzerrte Kräfte wirksam.
Das Ritual zur roten Kraft der Erde bewirkt die Rückbesinnung auf die reine Urform der Gitternetzstrukturen, oder anders ausgedrückt, die Neutralisation der Fehlprogramme und die Neubelebung der reinen Programme der Urmatrix.
Die Veränderungen im Erdmagnetfeld sind ein Zeichen dafür, dass sich die Frequenzmuster des Erdkerns wandeln. Damit befindet sich auch die Form der Gitternetzstrukturen in einem großen Wandlungsprozess. Wir, das globale menschliche Bewusstsein, sind aufgefordert, uns in diese Wandlungsvorgänge einzubegeben. Da die Erde von sich aus ihre energetischen Gitternetze umstrukturiert, wird sie die verzerrenden Fehlprogramme der Menschen aus diesem Speicher entleeren. Dies ist für uns Menschen eine gute Zeit und gleichzeitig eine Herausforderung, selbst unsere Fehlprogramme zu erkennen und sie zu neutralisieren. Das Ritual zur roten Kraft der Mutter Erde schafft neue Freiräume, in denen dies leichter stattfinden kann.

Wenn wir an einem Ort dieses Ritual durchgeführt haben, sind die kristallinen Gitternetze der Erde wieder befreit. Sie sind aus der Belastung durch die menschlichen „Fehlprogramme“ enthoben und befinden sich wieder in ihrer ureigenen Kraft, was geomantisch sehr gut nachweisbar ist.

Die kristallinen Netze sind wesentliche Übertragungslinien. Das bedeutet, dass wir über diese Linien energetische Frequenzmuster an einen beliebig entfernten Ort dieser Erde übertragen können. Ein Ort, der mit dem Ritual zur roten Erdkraft geklärt wurde, trägt in sich die Gitternetzstrukturen in ihrer reinen Form, die dem Wesen der Erde und ihrer Eigenfrequenz gänzlich entsprechen. Dies ist ein ausgezeichneter Ort für die Übertragung von hilfreichen Frequenzmustern wie den Mandalaenergien.

Die Fernübertragung von Mandalafrequenzen wirkt sehr effektiv über die Gitternetzlinien der Erde.
Senden wir dies von einem geklärten Ort aus, ist die Übertragung besonders effektiv.

Wissen wir, wo sich ein Mensch gerade befindet, so können wir ihm über die Gitternetzlinien der Erde sehr wirksam jede beliebige Mandalafrequenz übertragen. Wenn wir ihm z. B. zur emotionalen Harmonisierung die Mandalaenergie von YESIRAH übermitteln wollen, gelingt dies auf folgende Weise:
Nimm das Mandala YESIRAH zwischen deine beiden Hände, bis du die Frequenzen darin als Wärme oder als Vibration spürst.
Stell dir nun das Gitternetz der Erde als Liniengeflecht vor, das alle Orte miteinander verbindet.
Öffne deine Hände, zeige mit den Handflächen zum Boden und lass die Mandalafre-

quenzen aus deinen Händen in das Gitternetz der Erde gleiten.
Beauftrage sie, dass sie jenen Menschen erreichen, dem du sie zukommen lassen möchtest.
Stell dir vor, wie sie bei diesem Menschen ankommen und ihn angenehm erfüllen.

Reinigung und Vorbereitung der Ritualssteine.

Das Ritual

Man braucht dafür 7 Kristallspitzen, die zuerst mit ACBAHUM gereinigt werden. Sämtliche Programme, die sie zu diesem Zeitpunkt tragen, sollten danach gelöscht werden.
Diese Kristalle werden auf das Mandala MADURIL gelegt (für zumindest 7 Minuten) und dadurch mit dieser Energie programmiert. Wir verwenden das Sonnenmandala, da wir im mythischen Bild eine Beziehung zwischen der roten Kraft der Erde und der Sonne wahrnehmen.

Ich suche nun jenen Ort auf, an dem ich die rote Kraft der Erde in ihrer ursprünglichen Form aktivieren möchte. Dies kann ein Raum sein, aber auch ein Ort in der freien Natur. Dort lege ich die Bergkristalle wie abgebildet auf. Die Kristallspitzen bilden ein Siebeneck zur Mitte zeigend, in der Mitte liegt das Mandala MADURIL.

Nun sage folgenden Spruch:
„Kraft meines göttlichen Bewusstseins, das ich bin,
und kraft der göttlichen Liebe, die wir sind,
schenke ich diesem Ort MADURIL
und die Aktivierung der reinen roten Kraft der Erde.
Möge die Aktivierung jetzt stattfinden
und solange wirksam bleiben, solange dieser Ort existiert.
Ich segne MADURIL und bedanke mich.“

Wir haben beobachtet, dass ein Baum dieses Ritual wesentlich unterstützen kann. Durch seine konkrete Verwurzelung leitet er die MADURIL-Energie direkt in das Erdinnere. Dieser Baum sollte allerdings gefragt werden, ob er diese Aufgabe übernehmen möchte. Danach werden die Kristalle um ihn herum mit den Spitzen zu seinem Stamm weisend aufgelegt und der Spruch wie oben gesprochen.
Wenn dieses Ritual in einer Gruppe durchgeführt wird, ist es besonders weitreichend wirksam.

Wird dieses Ritual nach und nach von einzelnen Gruppen an vielen Orten durchgeführt, so entsteht dadurch ein Netzwerk, welches die emotionalen Fehlprogramme des Menschen nach und nach transformieren wird.

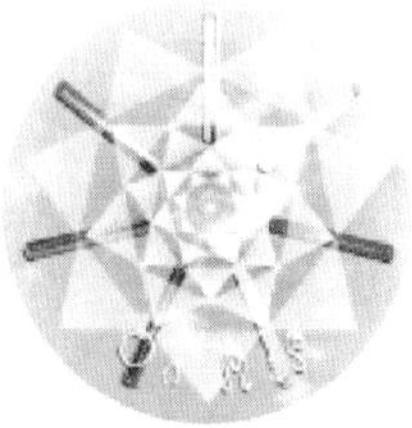

Die goldene Kuppel

Der Planet Erde ist eine kosmische Wesenheit. Sie bewegt sich mit sehr hoher Geschwindigkeit durch den kosmischen Raum, ist den kosmischen Kräften ausgesetzt und geht mit diesen in eine ununterbrochene Wechselwirkung. Wie bereits am Anfang dieses Buches beschrieben (ab Seite 32) gibt es wissenschaftlich fundierte Theorien, nach denen alle evolutiven Entwicklungsschritte durch kosmische Strahlungskräfte ausgelöst wurden. Dementsprechend sind wir auf der organischen Ebene das Ergebnis kosmischer Vorgänge.

Hebt man dieses Wissen auf die transzendente mythische Ebene, so können wir dort die Kräfte, die unsere Evolution lenken und beeinflussen, als kosmische Bewusstseinsebenen beschreiben. Denn es steht außer Zweifel, dass die Ergebnisse der Evolution keine Zufallsprodukte sein können. Dazu sind sie zu komplex und zu wunderbar. Jene Kräfte, welche die Evolutionsprozesse gelenkt haben und auch weiterhin lenken, sind *bewusste* Kräfte. Wir begreifen sie als kollektive Bewusstseinsebenen, die wir in der mythischen Geschichte als „kosmische Völker" oder als „Sternenvölker" beschreiben.

Wir haben in diesem Buch über das Sternenvolk der Og Min berichtet, das überall dort, wo organisches Leben beginnt, den Startimpuls dafür gibt. Sie symbolisieren die planetare Urgeschichte. Sie streuen den Samen in die Ursuppe des Planeten, aus dem sich das Leben entfalten und seine grundlegenden Programme über die DNA zum Ausdruck bringen wird.

Wir haben das Bewusstseinskollektiv der Yesirah kennen gelernt, die den Kräfte erfrischenden Energiefluss zwischen Kosmos und Erde aktivieren. Sie symbolisieren die hilfreichen Helfer bei der Harmonisierung und Heilung der Emotionalkörper. Wir haben sie in einen Zusammenhang mit der Gralsenergie dargestellt.

Als drittes kosmisches Kollektiv sind uns die Delfinseelen in Form von Planui begegnet. Sie umhüllen uns und bringen in uns die Erinnerung an das Urvertrauen und die Geborgenheit in einer lichtvollen Hülle zum Klingen.

Yesirah reinigt den Ort auf emotionaler Ebene und öffnet ihn für hilfreiche transzendente Kräfte.

Og Min verbindet den Ort mit seiner Urmatrix und verwurzelt das Energiefeld mit der Erde.

Planui stabilisiert das Energiefeld und hüllt den Ort in eine Geborgenheit ein.

Im folgenden Ritual werden diese drei archetypischen Kräfte gemeinsam angewandt, um ein Energiefeld aufzubauen. Dies reinigt einen Ort, bringt die Urmatrix zum Klingen und

stabilisiert dieses Energiefeld durch eine lichtvolle Umhüllung.
Wir setzen mit diesen Frequenzmustern ein Dreieck, aus dem heraus sich eine *goldene Kuppel* aufbaut.
Diese Kuppel öffnet im ersten Schritt einen Ort für die hilfreichen kosmischen Kräfte und heilt emotionale Verdichtungen an diesem Ort aus. Dies repräsentiert das Mandala Yesirah.
Im zweiten Schritt wird der Ort an die reinen Programme der Urmatrix erinnert und mit der Kraft der Mutter Erde verbunden. Dies wird durch das Mandala Og Min dargestellt.
Das dritte Frequenzmuster, das mithilfe des Mandalas Planui aufgebaut wird, umhüllt den Ort, bettet ihn in eine Geborgenheit ein und stabilisiert so das neu entstehende Kraftfeld.

Das Ritual

Suche dir einen Ort in der freien Natur, an dem du das Ritual durchführen möchtest.

Yesirah

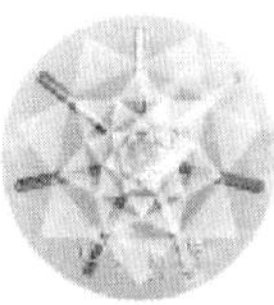

Og Min

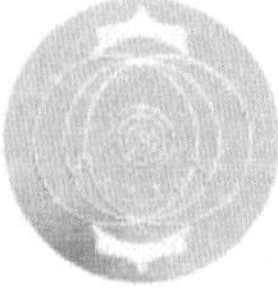

Planui

Es macht Sinn, dieses Ritual in einer harmonischen Gruppe auszuführen.
Lege nun im Dreieck die drei Mandalas auf, am besten nach den Himmelsrichtungen ausgerichtet:
Oben, im Norden, liegt Yesirah.
Links, im Westen liegt Og Min.
Rechts, im Osten liegt Planui.
Umkreise nun dieses Dreieck im Uhrzeigersinn achtmal mit der gesamten Gruppe. Die Zahl Acht steht in diesem Zusammenhang für die Herzenswärme und für die Ebene des kollektiven

Bewusstseins. Die Ritualsteilnehmer gehen in eine Verbindung mit der Ebene *Mensch zu Mensch* untereinander, mit der Ebene *Mensch zu Mutter Erde* über die freie Natur und mit der Ebene *Mensch zu Kosmos* über die Mandalafrequenzen ein.
Während dieses Dreieck ausgegangen wird, können Klänge mit Klanginstrumenten angeklungen oder z. B. Mantren gesungen werden.

Danach geht der Ritualsleiter zu den drei Mandalas und aktiviert sie mit folgenden Sprüchen:
Beim Mandala OG MIN:
„Kraft meines göttlichen Bewusstseins,
das ich bin,
und kraft der göttlichen Liebe, die wir sind,
laden wir das Sternenvolk der OG MIN ein,
hier an diesem Ort
die Urmatrix anzuklingen."

Dann geht er zum Mandala YESIRAH und sagt:
„Kraft meines göttlichen Bewusstseins,
das ich bin,
und kraft der göttlichen Liebe, die wir sind,
lade ich das kosmische Kollektiv
der YESIRAH ein,
hier an diesem Ort
die reine Gralsenergie anzuklingen."

Zum Abschluss sagt er beim Mandala PLANUI:
„Kraft meines göttlichen Bewusstseins,
das ich bin,
und kraft der göttlichen Liebe, die wir sind,
lade ich das Kollektiv

der Delfinseelen PLANUI *ein,*
hier an diesem Ort das gereinigte Energiefeld zu stabilisieren
und die goldene Kuppel aufzubauen."

Danach begeben sich die Ritualsteilnehmer in das Innere der Kuppel und nehmen dort meditativ das sich aufbauende Energiefeld in sich auf.

Auf dieselbe Art und Weise kannst du jeden beliebigen Raum aufbereiten, besonders dann, wenn dort energetische Arbeiten, Seminare oder Ausbildungen stattfinden.

Eine Abwandlung der goldenen Kuppel ist der **Heilungsraum**.

Dabei wird das Dreieck etwas kleiner aufgebaut, sodass ein Mensch darin liegen kann. Ziel dieses Heilungsraumes ist es, für den Menschen, der darin liegt, emotionale Ausgeglichenheit und Harmonisierung zu erreichen.
Dies ist besonders für die therapeutische Praxis sehr gut geeignet.

Der Mensch, der die Harmonisierung erfährt, legt sich gemütlich hin.
Der Therapeut legt dann die Mandalas auf:
YESIRAH über dem Kopf, OG MIN beim rechten Fuß des Liegenden und PLANUI beim linken Fuß.

Über das Mandala Yesirah zeichnet er das Symbol Telsiin, über Og Min das Symbol Ureel und über Planui das Symbol Kariion.

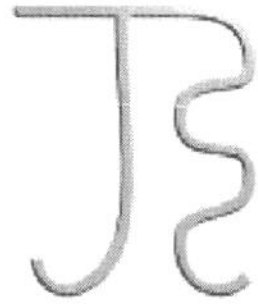

Telsiin

Tesliin symbolisiert eine öffnende Frequenz, die Fähigkeit, sich gegenüber hilfreichen Kräften zu öffnen. Ureel stellt ein abziehendes Frequenzmuster dar; wenn sich etwas in uns befindet, was uns belastet, kann es dadurch leichter aus unserem Energiefeld entlassen werden. Kariion baut auf und gibt uns neuen Mut und frische Kraft.

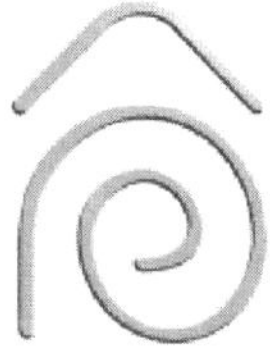

Ureel

Kariion

Der Therapeut stellt sich bewusst vor, wie das Energiefeld des Heilungsraumes sich aufbaut. Er begleitet den Liegenden in einer völlig wertfreien Aufmerksamkeit, in der er das Wirkungsfeld gedanklich immer wieder erneuert.

Wir haben in diesem Buch wesentliche archetypische Frequenzmuster beschrieben und sie über Mandalabilder zum Ausdruck gebracht. Wir bedanken uns bei allen hilfreichen Kräften, die uns beim Schreiben und beim kreativen Gestalten begleitet haben.
Wir wünschen dir, lieber Leser, viel Freude damit.
Mögen in dir die Programme deiner Urmatrix neu erwachen!

KORDULAH

Das Mandalaset

Dieses Set beinhaltet alle zu Kordulah gehörigen Mandalas in einem schönen Farbdruck.

19 Mandalas, beschichtet
ISBN: 3-902280-08-5
Verlag: Antasira

DIE MATRIX DES BEWUSSTSEINS

Wege zu Erfolg

Gesundheit und Wohlbefinden

Werner Johannes Neuner

Dieses Buch schildert die Hintergründe jener Matrix, welche die Wirklichkeit erschafft. Es werden konkrete Übungen beschrieben, über die wir kraft unseres Bewusstseins die Matrix verändern können. Dadurch erschaffen wir eine neue, lebenswerte Realität.

132 Seiten
21 Matrixbilder
ISBN: 3-902280-30-1
Verlag: Antasira

VERNETZTES BEWUSSTSEIN

Meditations-Mappe

Werner Johannes Neuner

Diese Meditationsmappe beinhaltet die inhaltlichen Hintergründe und die schrittweise Anleitung zur Meditation „Ich bin – Wir sind – Mutter Erde“, sowie die für die Meditation notwendigen Mandalas und Matrixbilder.

Durch diese Meditation wird ein neues Bewusstsein erschaffen.

Den Menschen und der Mutter Erde gewidmet.

Mappe mit 24 seitiger Broschüre, 2 Mandalas, 1 Matrixbild

ISBN: 3-902280-34-4

VERNETZTES BEWUSSTSEIN

Meditations-CD

Diese CD beinhaltet ist eine Meditation, durch die ein neues Bewusstsein erschaffen wird.

Die Meditation wir in drei Schritten angeleitet und mit Musik untermalt.

Text und Idee: Werner Johannes Neuner

Stimme: Gertraud Breinbauer

Musik: Thomas Kox, Mosaro, Anatara

Gesamtlänge der CD: 58 Min 51 Sek

ISBN: 3-902280-33-6

Kontaktadressen:

Seminare und Vorträge über Kordulah:
Mag. Werner Neuner & Team,
Laimburggasse 26, A-8010 Graz
email: office@antasira.com

homepage:
www.antasira.com

Bestellung der Bücher und Mandalas:

AICHBAUER
ENERGETISCHE PRODUKTE

Aichbauer – Energetische Produkte
Anton Mell Weg 14, A-8053 Graz
Tel.: +43/ (0)316 / 38 68 68
Fax.: +43/ (0)316 / 38 68 68 8
email: office@antasira.com

Druck:
Weinitzen Druck; +43/ (0)3132 / 61 10